敦煌學與古代西部文化
上冊

齊陳駿 著

總序

　　浙江，中國「自古繁華」的「東南形勝」之區，名聞遐邇的中國絲綢故鄉；敦煌，從漢武帝時張騫鑿空西域之後，便成為絲綢之路的「咽喉之地」，世界四大文明交融的「大都會」。自唐代始，浙江又因絲綢經海上運輸日本，成為海上絲路的起點之一。浙江與敦煌、浙江與絲綢之路因絲綢結緣，更由於近代一大批浙江學人對敦煌文化與絲綢之路的研究、傳播、弘揚而令學界矚目。

　　近代浙江，文化繁榮昌盛，學術底蘊深厚，在時代進步的大潮流中，湧現出眾多追求舊學新知、西學中用的「弄潮兒」。二十世紀初因敦煌莫高窟藏經洞文獻流散而興起的「敦煌學」，成為「世界學術之新潮流」；中國學者首先「預流」者，即是浙江的羅振玉與王國維。兩位國學大師「導夫先路」，幾代浙江學人（包括浙江籍及在浙工作生活者）奮隨其後，薪火相傳，從趙萬里、姜亮夫、夏鼐、張其昀、常書鴻等前輩大家，到王仲犖、潘絜茲、蔣禮鴻、王伯敏、常沙娜、樊錦詩、郭在貽、項楚、黃時鑒、施萍婷、齊陳駿、黃永武、朱雷等著名專家，再到徐文堪、柴劍虹、盧向前、吳麗娛、張涌泉、王勇、黃征、劉進寶、趙豐、王惠民、許建平以及馮培紅、余欣、竇懷永等一批更年輕的研究者，既有共同的學術追求，也有各自的學術傳承與治學品格，在不同的分支學科園地辛勤耕耘，為國際「顯學」敦煌學的發展

與絲路文化的發揚光大作出了巨大貢獻。浙江的絲綢之路、敦煌學研究者，成為國際敦煌學與絲路文化研究領域舉世矚目的富有生命力的學術群體。這在近代中國的學術史上，也是一個值得關注的現象。

　　始創於一八九七年的浙江大學，不僅是浙江百年人文之淵藪，也是近代中國社會科學與自然科學英才輩出的名校。其百年一貫的求是精神，培育了一代又一代腳踏實地而又敢於創新的學者專家。即以上述研治敦煌學與絲路文化的浙江學人而言，不僅相當一部分人的學習、工作與浙江大學關係緊密，而且每每成為浙江大學和全國乃至國外其他高校、研究機構連結之紐帶、橋梁。如姜亮夫教授創辦的浙江大學古籍研究所（原杭州大學古籍研究所），一九八四年受教育部委託，即在全國率先舉辦敦煌學講習班，培養了一批敦煌學研究骨幹；本校三代學者對敦煌寫本語言文字的研究及敦煌文獻的分類整理，在全世界居於領先地位。浙江大學與敦煌研究院精誠合作，在運用當代信息技術為敦煌石窟藝術的鑑賞、保護、修復、研究及再創造上，不斷攻堅克難，取得了舉世矚目的成就，拓展了敦煌學的研究領域。在中國敦煌吐魯番學會原語言文學分會基礎上成立的浙江省敦煌學研究會，也已經成為與甘肅敦煌學學會、新疆吐魯番學會鼎足而立的重要學術平臺。由浙大學者參與主編，同浙江圖書館、浙江教育出版社合作編撰的《浙藏敦煌文獻》於二十一世紀伊始出版，則在國內散藏敦煌寫本的整理出版中起到了領跑與促進的作用。浙江學者倡導的中日韓「書籍之路」研究，大大豐富了海上絲路的文化內涵，也拓展了絲路文化研究的視野。位於西子湖畔的中國絲綢博物館，則因其獨特的

絲綢文物考析及工藝史、交流史等方面的研究優勢，並以它與國內外眾多高校及收藏、研究機構進行實質性合作取得的豐碩成果而享譽學界。

現在，中國正處於實施「一帶一路」偉大戰略的起步階段，加大研究、傳播絲綢之路、敦煌文化的力度是其中的應有之義。這對於今天的浙江學人和浙江大學而言，是在原有深厚的學術積累基礎上如何進一步傳承、發揚學術優勢的問題，也是以更開闊的胸懷與長遠的眼光承擔的系統工程，而決非「應景」、「趕時髦」之舉。近期，浙江大學創建「一帶一路」合作與發展協同創新中心，舉辦「絲路文明傳承與發展國際學術研討會」，都是在新的歷史條件下邁出的堅實步伐。現在，浙江大學組織出版這一套學術書系，正是為了珍惜與把握歷史機遇，更好地回顧浙江學人的絲綢之路、敦煌學研究歷程，奉獻資料，追本溯源，檢閱成果，總結經驗，推進交流，加強互鑑，認清歷史使命，展現燦爛前景。

浙江學者絲路敦煌學術書系編委會

2015 年 9 月 3 日

説明 出版

　　本書系所選輯的論著寫作時間跨度較長，涉及學科範圍較廣，引述歷史典籍版本較複雜，作者行文風格各異，部分著作人亦已去世，依照尊重歷史、尊敬作者、遵循學術規範、倡導文化多元化的原則，經與浙江大學出版社協商，書系編委會對本書系的文字編輯加工處理特做以下説明：

　　一、因內容需要，書系中若干卷採用繁體字排印；簡體字各卷中某些引文為避免產生歧義或詮釋之必須，保留個別繁體字、異體字。

　　二、編輯在審讀加工中，只對原著中明確的訛誤錯漏做改動補正，對具有時代風貌、作者遣詞造句習慣等特徵的文句，一律不改，包括原有一些歷史地名、族名等稱呼，只要不存在原則性錯誤，一般不予改動。

　　三、對著作中引述的歷史典籍或他人著作原文，只要所注版本出處明確，核對無誤，原則上不比照其他版本做文字改動。原著沒有注明版本出處的，根據學術規範要求請作者或選編者盡量予以補注。

　　四、對著作中涉及的敦煌、吐魯番所出古寫本，一般均改用通行的規範簡體字或繁體字，如因論述需要，也適當保留了一些原寫本中的通假字、俗寫字、異體字、借字等。

　　五、對著作中涉及的書名、地名、敦煌吐魯番寫本編號、石窟名

稱與序次、研究機構名稱及人名，原則上要求全卷統一，因撰著年代不同或需要體現時代特色或學術變遷的，可括注說明；無法做到全卷統一的則要求做到全篇一致。

書系編委會

目次

上冊

我與絲路及敦煌學的研究

　　我出生於浙江省天台縣城關區，由於家庭的影響，我自少就對歷史這門學科有濃厚的興趣。一九五三年考入上海復旦大學歷史系讀書，對古絲路和敦煌學只有粗淺的知識，或者說僅知其名而已。到一九五七年，我大學畢業後被分配到蘭州大學歷史系任教，專業是中國古代史，主要是準備擔任魏晉南北朝史、隋唐史的講課任務，因此，在自己的學習中開始注意漢唐時期的中西交通的歷史，但由於當時運動多、開會多，也沒有很多時間去讀書。不久，我就被派到酒泉農場去勞動鍛鍊了。在甘肅酒泉農場一年多，才被調回學校。返校後蘭州大學歷史系已併入西北師範學院歷史系，並將西北師範學院改名為甘肅師範大學。在甘肅師範大學的兩年中，我雖在圖書館、系資料室中借讀了一些有關絲路、敦煌學的書籍，但由於要準備上課，只能說是涉獵了一些，沒有深入鑽研過。一九六一年，蘭州大學歷史系復系，我又被調回蘭州大學。當時，正遇上國家經濟困難時期，不搞運動了，會議也少了，雖然物質生活差一些，但能坐下來讀點書了。我因有上課的任務，所以讀的、寫的都與備課有關。《均田制是地主土地所

有制的補充形式》、《試論隋和唐初的政權》二文先後發表於《甘肅師範大學學報》、《歷史研究》兩刊。

　　僅安定了兩三年時間，農村社會主義教育運動開始了。學校抽調了一批教師和大學生去農村參加工作。蘭州大學歷史系第一批參加「社教」的學生是去河西走廊的民樂縣。一九六四年暑假，這批學生在民樂社教結束時，提出要去敦煌莫高窟參觀的要求，得到學校的准許。當時我是留在學校講課的，但因敦煌壁畫內容多同我所講的一段歷史相關，所以學校派我先去敦煌連繫，安排學生住宿和參觀等問題。這是我第一次去敦煌。那時，去敦煌沒有火車，火車只能乘到柳園，再坐長途汽車去敦煌縣城。由敦煌縣城去莫高窟還需坐十餘公里的交通車。這次去敦煌，在柳園火車站遇見了樊錦詩同仁，好像她那時分到敦煌文物研究所不久。

　　第一次到敦煌莫高窟，承蒙常書鴻先生熱情支持，安排所內同仁帶領同學參觀了一些有代表性的洞窟，還聽了介紹莫高窟壁畫的兩個報告。我因忙著連繫學生食宿問題，參觀和聽報告雖都參加了，但印象不深，更由於一個學生私自跳入月牙泉游泳，出了事故，給這次敦煌之行留下了陰影。

　　一九六五年秋天，我被派往臨夏「社教」，到第二年春夏之交返校。這時的蘭州大學歷史系正在批判《海瑞罷官》與《李秀成叛徒哲學》。不久，學校的「文革」全面展開了。

　　「文革」之初，我莫名其妙地成了「黑幫分子」，批鬥系領導時，我被押去陪鬥，罪名是「青年教師白專路線典型」。大概被專政了三個來月就「解放」了。據說造反派再沒有挖出新的罪行，只是發表了幾篇文章，名利思想嚴重一些罷了！

　　從一九六六年到一九七二年，我不是被安排去農場勞動，就是去

五七幹校鍛鍊，基本上沒有時間和機會讀書、研究。一九七二年，蘭州大學歷史系招收了第一屆工農兵學員，我被安排給他們上中國古代史的課，又重新開始讀些史書和資料，但並未深入到絲路和敦煌學兩個課題中去。而重視這兩個課題和資料，則是始於一九七三年第一屆工農兵學員提出到敦煌莫高窟開門辦學之後。

　　從「文革」開始，歷史專業就被稱作是充斥「牛鬼蛇神」的學科，是批判、改造的重點。對莫高窟佛教藝術，更沒有人敢提出去參觀、研究。可是，聰明的工農兵學員在那時居然提出了要去延安學習革命精神，也提出了要去敦煌莫高窟開門辦學，批判佛教迷信和封建禮教。這一提議卻得到了學校工宣隊的批准。於是，系上派了一名工宣隊員作為領導，也讓我同另外兩名教師一同前去。這大概是因我講授魏晉隋唐史的緣故，專業上有所連繫。

　　這次開門辦學在莫高窟呆了一個來月。我們請敦煌文物研究所的同仁作了一系列的報告，如《莫高窟佛教藝術介紹》、《絲綢之路簡介》、《敦煌遺書發現的經過與研究》、《莫高窟壁畫中所反映的唐代社會生活》等等。可以這樣說，這些報告為我們了解絲路、敦煌學打開了大門。更為難得的是，在莫高窟有蘭州大學歷史系畢業的校友，如賀世哲、施萍婷[1]等，經過多年的研究，都有很好的成績，成為研究所的骨幹。在他們的熱情幫助下，我們還結識了研究所許多新的朋友，如史葦湘先生夫婦、孫修身、李其瓊、潘玉閃等同仁。他們除給我們作報告之外，還親自引我們到洞窟裡參觀，進行講解。在這一個來月的時間裡，我幾乎把莫高窟主要的洞窟都看遍了，並且從這些同仁的

1　賀世哲、施萍婷二位先生入學是蘭州大學歷史系、畢業是甘肅師範大學歷史系。因前面所說蘭大歷史系併入西北師範學院歷史系。

講解中得到了絲路與莫高窟藝術的最起碼的知識。以後我在蘭州大學提出研究敦煌學的課題，應當首先感謝莫高窟這些同仁對我的啟蒙教育。

正式提出要在蘭大歷史系組建敦煌學研究的組織則是在一九七八年。在清除了「四人幫」以後，全國高校開始招生，學術活動也逐步恢復。高校的各個系科都提出了今後辦學的計劃和重點。蘭大歷史系當時提出了三個重點方向，即俄國史、中國古代史及民族史三個學科。我是屬於中國古代史趙儷生先生領頭的這個組的成員。一九七三年初，學校讓我參加了由教育部主辦的高校青年教師進修班，去武漢大學半年，聆聽唐長孺、陳仲安先生的魏晉南北朝隋唐史講座。當時，武大中國古代史組的大部分老師正在唐先生領導下整理吐魯番出土的文書，與他們交往，使我對絲路上的歷史和文物有了進一步的了解。下半年回到蘭州後，我給校、系領導寫了一封長信，以為史學研究長期以來東部沿海和南部沿江地區學者較多，力量也較強，很難超出他們的成績；但是，我們如果能將研究集中在眼皮底下的西部，既有利用本地資料的便利，更有進行實地調查的條件，應該利用這些有利的條件，集中力量研究西部的課題。在中國史方面，例如新石器時期的彩陶文化、漢晉遺簡、敦煌壁畫、敦煌吐魯番遺書、西部民族史、絲綢之路等等。同樣，在世界史學科中，也可環繞中國西部邊疆組織如中亞史、俄國史的研究小組。當時我提出了「吃西北飯，研究西北歷史」的口頭禪。我的建議得到了校、系領導的認可，於是在歷史系成立了五個小組，即俄國史組、中亞史組、漢簡組、敦煌學組、民族學組。但後來堅持下來的只敦煌學和民族學兩個組。

敦煌學研究小組在一九七九年底成立時，只有我及我所帶的研究生陸慶夫兩人。為了積聚力量、培養人才，我們聘請了敦煌文物研究

所的段文杰先生，賀世哲、施萍婷夫婦，孫修身先生，以及甘肅省圖書館的周丕顯先生等作為客座教師，分別給研究生及高年級學生講課或講座，並且還將他們撰寫的論文集中在一起，建議《蘭州大學學報》出一期增刊，這就是一九八〇年二月出版的《蘭州大學學報》「敦煌學專刊」，實際上也就是《敦煌學輯刊》的第一輯。隨後我又以蘭州大學敦煌學研究組的名義於一九八一、一九八二年組稿編輯了《敦煌學輯刊》第二、三輯。到一九八三年，此刊被批准為公開出版的刊物，於是我們請常書鴻先生題寫了刊名。《敦煌學輯刊》是國內第一份專門刊載敦煌學及絲路有關研究的刊物。

在我們組織起敦煌學研究小組的次年九月，中國唐史學會在西安召開，我有幸被邀請參加並被選為理事。也就在這次會議上，我結識了一大批研究隋唐史的學者。對我們幫助最大的是在這次會議上一批中青年學者提出了組織絲路考察隊的活動，實地考察絲路東段的地理概況及文物遺留。

這支考察隊前後有二十多名同仁參加，由寧可先生任隊長，胡守為先生任副隊長，胡戟先生為隊秘書兼攝影。隊裡年齡最大的是高敏先生，比較年輕的是陸慶夫、趙和平等。這支考察隊從一九八一年七月於西安出發，到蘭州後順河西走廊西行，經武威、張掖、酒泉、額濟納旗、敦煌、鄯善、吐魯番，一直到烏魯木齊。返回蘭州後又參觀了永靖縣的炳靈寺。我們前後花了近二個月時間，到九月上旬才算結束。

這次考察極大地豐富了我們在絲路方向上的知識，地理環境、交通道路、文化交流、民族遷徙等各個方面都得到了提高。後來，參加考察的同仁集中各人所記，由甘肅人民出版社出版了《絲路訪古》一書，其中我寫了《絲路考察紀略》一文，在揚州召開的中國唐史年會

上作了匯報。也因為考察的啟發和敦煌學研究小組的建立，我對絲路東段河西走廊的歷史有了更多的興趣和了解。在一九八三年我寫了《古代河西的興衰》一文，以後又與陸慶夫、郭鋒等同仁合作，出版了《五涼史略》一書，這是新中國成立以後第一部有關五涼歷史的教科書。

我們雖然在一九七九年就成立了敦煌學研究小組，也曾倚靠《蘭州大學學報》編輯出版有關敦煌學的專刊，請省內一些同仁來校講課，做了些工作；但真正使研究工作全面鋪開，則是在一九八三年中國敦煌吐魯番學會成立之後。

一九八二年夏，教育部蔣南翔部長率領部內一批同仁來西北考察。在蘭大考察時，他們提出要去敦煌莫高窟參觀，學校於是派我陪同教育部的同仁一起前往。在火車上，蔣部長談起了在天津聽到日本學者研究敦煌學的情況，詢問國內學界研究現狀，特別詳細問及國內高校研究的組織和人員。他得知國內還沒有一個研究學會，高校也沒有專門的研究機構，於是在參觀後留下章學新處長在蘭大住了幾天，更詳細地了解國內研究力量的分布和成立全國性學會所需的各種條件。他回到北京以後，請出了北京大學的季羨林先生出面籌備，由北京師範學院（現首都師範大學）的寧可先生作為助手，與全國有關單位進行溝通。一九八三年初在北大召開了中國敦煌吐魯番學會的籌備會，並報中宣部批准，將學會掛靠在教育部。因甘肅只有蘭大是教育部直屬的高校，為撥款方便，所以決定學會在蘭州舉行成立大會。當時敦煌文物研究所也正準備在一九八三年舉行學術討論會，於是將成立大會與學術討論會合併舉行。由蘭大與敦煌文物研究所共同主辦。在這次成立大會上，季羨林先生被推為中國敦煌吐魯番學會會長，唐長孺、段文杰、寧可等先生為副會長，由寧可先生兼任秘書長，秘書處設在北京師範學院。為辦事方便，學會設立了三個副秘書長，一是

在北京大學，由張廣達先生擔任；一是在新疆社會科學院考古研究所，由穆舜英女士擔任；另一則是在蘭州大學，由我擔任，負責在蘭州連繫各校研究人員。

學會的籌備和成立為蘭大敦煌學研究小組提供了發展的機會。一九八二年籌備時，我們就留下了兩位本科畢業生，以後分別送到北京王永興、寧可、張廣達、金維諾等先生處進修、聽課，並將研究小組擴大為研究室。同時，又連繫了武漢大學陳國燦先生來校講學。會議期間還請了與會的各路專家給蘭大歷史系學生開設講座，擴大學生的知識面。

為促進敦煌和吐魯番學的研究，一九八三年在學會成立的過程中，由全國學者簽名，上書中央領導，要求撥一筆經費以支持這一學科的發展，後來得到了一百萬元的財政撥款。為使用好這筆款項，季羨林先生讓寧可先生與張廣達、穆舜英兩位來蘭州召開秘書處會議，建議資助成立北京圖書館的敦煌吐魯番學資料室、蘭州大學敦煌學資料室、新疆社會科學院考古研究所吐魯番學資料室，用於購買圖書資料，添置設備。北京、烏魯木齊的資助沒有異議，但對撥款蘭大，甘肅省一位老同仁提出了不同意見，以為應撥款給敦煌文物研究所，但敦煌文物研究所又不能懸掛學會資料室的牌子。因此，撥款蘭大創辦學會資料室之事擱淺。後來，由蘭大學校支持，又得學會領導的一點資助，我們買來了《敦煌寶藏》一書，成為研究室最寶貴的資料。接著我們將歷史系資料室中有關敦煌、吐魯番方面的一些圖書集中在一起，總算建立起了中國敦煌吐魯番學會蘭州大學閱覽室。到九〇年代，研究室還利用教育部所撥的一筆資助，採購了一大批圖書和設備，為今後的研究創造了較好的條件。

學會的成立，也使我們申請到了以敦煌學名義招生的歷史文獻學

專業碩士學位授權點，並將倚附在《蘭州大學學報》的《敦煌學輯刊》獨立出來，成為國家批准的學術期刊。當時只是一年一期，後來逐步發展，現在已是一年四期，一共出版了八十多期。

還要提到的是，得到教育部的資助以後，我們研究室曾將留下的兩名青年教師送到英國圖書館查閱有關資料，為時半年。到九〇年代初，學會領導建議由柴劍虹、沙知和我去蘇聯列寧格勒（今稱俄羅斯聖彼得堡）東方博物館了解有關敦煌、吐魯番出土的資料，前後有一個月的時間。這些活動擴大了我們的眼界，也增長了許多知識。

我們不但派人出去參觀、進修，同時對經過蘭州的國外學者，我們都曾請他們來校作講座或講演，如池田溫先生、菊池英夫先生、藤枝晃先生、土肥義和先生、孟列夫先生以及定居法國的左景權先生等等。

到八〇年代末和九〇年代初，研究室同仁先後出版了《河西史研究》、《敦煌地理文書彙輯校注》、《犍陀羅佛教藝術》、《敦煌本〈佛說十王經〉校錄研究》、《中外著名敦煌學家評傳》等一批成果，在學術界贏得了聲譽。蘭州大學歷史系敦煌學研究室也從此受到國內外學術界的重視。我們室的幾位青年同仁也因專心學術，做出成績，破格晉陞為教授和副教授。

在蘭大敦煌學研究室不斷進步的時候，我卻因家事的影響，放慢了腳步。我是獨生子，沒有兄弟姐妹。我分至西北工作，父母仍留在浙江老家小城裡居住。到八〇年代後期，老人皆已年過七十，長年以來艱苦的生活，加上帶孫子、孫女的勞累，都是有病纏身。我一得知父母臥病，就得立即從蘭州趕回浙江照料。當時交通不如現在便利、快速，來回一次在路上就需一個星期。再加上我兩口子工資低、子女多，負擔甚重，日常生活已壓得我喘不過氣來，能夠將分派給的教學

任務完成就算不錯了。在這段時間裡，父母先後過世，老伴又因病住院，實在是再也沒有精力顧及其他了！所幸鄭炳林同仁為我分擔了研究室的工作。由他領頭，研究室的工作以及《敦煌學輯刊》的編輯得以照常運行。後來，浙江老鄉馮培紅同仁考上敦煌學的研究生，他協同鄭炳林同仁一起把研究室的工作擔負起來，使研究室的工作更向前推進了一步。

　　九○年代後期蘭大申請敦煌學博士點的時候，我已經是到六十歲的退休年齡了，但學校為了申請來博士點，還將我的名字列在其中。這大概還是因為當時蘭大需要聯合敦煌研究院的同仁一起申請的緣故。敦煌研究院的兩位同仁都已超過六十歲了！到蘭大申請來博士授權點以後，學校領導立即通知我，說我已超過六十歲了，招一個博士生後退休！博士生進校後的第一年就讓辦理退休手續。至於敦煌研究院的同仁，他們無權決定，一直招生到新世紀的第一個十年以後。

　　從一九五七年分配到蘭大工作，至世紀末退休，我足足在蘭大教了四十三年的書。在教學上，除按專業需要給本科生開設中國古代史基礎課以外，還曾開設過魏晉南北朝史、隋唐史講座，其中涉及田制、稅收、職官、選舉、法律等各種制度；也開設過敦煌學、中國歷史文獻學等基礎課及河西古代史等選修課。至於撰寫過的東西，算起來也有近二百萬字，都是圍繞著中國古代史漢唐一段歷史來寫的，很多是與絲路和敦煌學有關的。當時我有這樣的認識，以為從二十世紀中期以來，學界對於這兩個方面的介紹及研究比較少，因此，改革開放以後新招進來的青年學生在這方面的知識也比較欠缺；多介紹些基礎性的東西，給他們打點基礎，以利於培養一些人才和這個學科的發展。正是從這一點出發，我在自己的講課和寫作中總考慮多介紹些基礎的知識，講漢唐歷史時，注意各代的經濟發展及政治、經濟、法律

制度；涉及絲路和敦煌學方面的，則重點介紹絲路走向、地理沿革、與周邊各族的關係；説到文化交流，則主要介紹了佛教的傳入以及與中國傳統文化的碰撞。我的這些想法和認識，雖然對學術界深入研究沒有起到很大的作用，但從高校培養人才的角度來看，應該是有收穫的。蘭大敦煌學從研究小組發展為研究室、研究所，至二十世紀末成為教育部人文社會科學重點研究基地，這應該是同注意人才的培養分不開的。

辦理了退休手續之後，因為所招的博士生仍然在校，不能離開，只得留在學校，還上一點選修課。但在此段時間裡，我卻完成了五十多萬字的《西北通史》第二卷的寫作任務。

五卷本的《西北通史》是谷苞先生領銜在二十世紀九〇年代中期組織起來寫作的。我被邀參加主持第二卷的編寫工作。當時因家庭多事，只擬了一份比較詳細的大綱，心想組織在讀的研究生共同寫作。可是，經過一段時間以後，任務難以完成。因此，在九〇年代後期到二十一世紀之初，當我身體狀態不斷恢復時，就利用這一時間完成了《西北通史》第二卷的寫作任務。

《西北通史》第二卷按計劃是從東漢末年黃巾起義開始，到唐代安史之亂止，共計五百多年的時間。這是一段由大統一到大分裂，又由長期分裂趨於大統一的歷史。在西北地區，這一時期曾出現過幾十個國家，是中國歷史上少數民族建立政權最多的時期。有本地區少數民族建立的政權，也有西北地區以外遷入的民族建立的國家。西北少數民族在這段時間中還向西、向東擴展，與當地的民族不斷發生衝撞。民族矛盾、民族隔閡表現得非常顯著。有鬥爭、有衝突，於是也就有了相互的了解和連繫，促進了各民族之間的融合。隋唐時期大一統局面的出現，正是民族融合的碩果。在這一時期中，儘管戰亂不斷，割

據政權眾多，但絲綢之路仍然發揮著東西文化交流的作用。佛教正是這一時期傳入並風靡全國，完成了中國化的進程。西北的長安、敦煌成了絲路上的重要城市。

因為編寫《西北通史》第二卷，使我對絲路有了更進一步的了解。

到博士生畢業以後，在二○○三年我即離開蘭大來到了紹興，跟兒子生活在一起。但這以後，仍離不開與絲路的糾葛。一是復旦的同鄉同班同學葉哲明教授在臺州任教期間出版了《臺州文化發展史》一書，涉及了海上絲路的歷史，在我們通信中常有提及。二是在紹興居住期間，與紹興文理學院的青年教師曾作過一些交流，如姚培鋒同仁曾寫過《紹興人與敦煌學》一文，萬國通同仁曾編有《上虞羅振玉》一書。三是在二○一二年前後，蘭大出版社修訂《西北通史》，並要求增加了一些內容和全書的《大事紀》，於是又將第二卷整理了一遍。後來由於精力不濟，又請馮培紅同仁作了補充。

總之，做了一輩子的西北人，也就與絲路與敦煌學結下了不解的緣分。

絲路考察紀略

　　在一九八〇年九月於西安召開的唐史研究會成立大會上，由一些同仁發起，擬組織起一個考察隊，對絲路進行一次實地的考察。後來，由西北大學、蘭州大學、西北師範學院和新疆社會科學院考古研究所、民族研究所等單位聯合籌辦，組成了一支有二十四位同仁參加的絲綢之路考察隊。自一九八一年七月十五日起，至八月底，考察了絲綢之路蘭州至烏魯木齊一段，而後又折回蘭州，參觀了炳靈寺，部分同仁還在西安活動了幾日，在九月九日結束了全部考察活動。

　　這次考察，我們經過了甘肅、青海、內蒙古、新疆、陝西五個省區，行程一萬餘華里，調查訪問點近一百來個。

　　就這次考察，我想談以下幾點體會：

一、絲綢之路東段的走向

　　河西走廊是絲綢之路東段最重要的通道。根據現有史籍的記載，來往於絲綢路上的高僧、商人，除了極個別的沒有經過河西走廊以外，如北魏時宋雲、惠生西行，是由青海湖西，沿柴達木盆地北緣，越阿爾金山到達婼羌的；宋代時王延德是經寧夏沿河西北山山麓，經

合羅川、馬鬃山、哈密而到達高昌的；絕大多數則都是經過河西走廊的，著名的如法顯、玄奘、岑參、高居誨、長春真人、馬可·波羅等等。河西走廊所以成為通西域的主要通道，這應是與它的自然地理條件分不開的。這個走廊東起烏鞘嶺，西至敦煌，長達一千多公里。走廊的南面，是著名的祁連山，終年積雪，不易翻越，而祁連山以南地區，亦是崇山峻嶺，道路比較艱難。走廊北面，則是龍首山、合黎山及馬鬃山，在這些山的外面就是騰格里沙漠、巴丹吉林沙漠等渺無人煙的區域。在古代交通全靠馬行人走的條件下，要翻山越嶺，或者要穿過沙漠，顯然都是極其困難的。相反的，在走廊的內部，地勢平坦，由於有祁連山雪水的灌溉，形成了一個水草豐美、可耕可牧的區域。根據我們這次考察與訪問，走廊內部主要河流有：武威地區的石羊河、張掖地區的黑河、酒泉地區的疏勒河等等。這些河都發源於走廊南山，由南向北，穿過走廊，最後隱沒於沙漠之中。除這些河流而外，走廊內部地下水位也比較高，有些地方，如酒泉、張掖，挖下一至二米就可見水。正因為這一優越的天然條件，所以自古以來就有人民在走廊生息，如在景泰縣的喜集水村、武威市的王景寨村、永昌縣亂墩子灘、酒泉市的下河清、玉門市的火燒溝及騸馬城等地，都出現過新石器時代的彩陶、石釜、石磨盤等。秦漢以前，據史籍記載，月氏、烏孫曾是這裡的主人。以後，月氏、烏孫西遷，河西成了匈奴的屬地，休屠王、渾邪王在這裡游牧。到漢武帝擊敗匈奴，在這裡設郡屯墾，河西開始成為一個農耕的區域。匈奴在失去河西以後，曾有歌謠說：「亡我祁連山，使我六畜不蕃息；失我焉支山，使我婦女無顏色。」[1]這就是因為河西有良好的自然條件的緣故。

1　《史記》卷一一〇《匈奴列傳》注引《正義》，中華書局 1959 年版，第 2909 頁。

　　正因為河西的自然條件好，所以自古以來，東來西去的行人商隊，都多通過這條走廊。我們考察河西的地形，其南邊，祁連山從酒泉以至永昌一帶，只有扁都口一個山口，除此都是四千米以上的雪山。其北面龍首山、合黎山、馬鬃山的山口均可進入，但這些山的外面都是大沙漠。走廊東頭，則有海拔高達三千米以上的烏鞘嶺。所以從東往西要進入走廊，顯然只有這樣三條路線：北面，都得經過景泰縣，沿騰格里沙漠邊緣而到武威；南面，只有經西寧，從扁都口進到張掖；中間則只得翻越烏鞘嶺才能進入走廊。在這三條道路中，我們如果以長安為出發點，那麼，北面一道由長安經平涼、固原、景泰而入走廊的路線為最捷，但由於要沿沙漠邊緣而行，當然比較艱苦。南邊一道，由長安經隴縣、渭源、臨洮、西寧、扁都口而入走廊，此道繞路最多，但沿途除扁都口一段外，都是農墾區，比較易走。中間一道，係由南路衍化而來的，在到臨洮後，不是直去西寧，而是轉向進到蘭州，經永登、烏鞘嶺而進入走廊。這條路比北路稍長，但比南路便捷。除烏鞘嶺一段比較險峻以外，沿途人煙稠密，行旅還是比較方便的。根據有關史籍的記載，秦漢魏晉時期，行人多從南、北兩路進入河西。居延發現的漢簡中記有媼圍、媭次兩個地名，經有人查證，兩地都在今景泰、古浪、武威之間，這就說明秦漢時期的驛道，也應在北路。至於南路，法顯和隋煬帝就是經過扁都口進入河西的。中間一道，好像是入唐以後，才成為東西往來的幹線，玄奘、岑參都是從此路進入了走廊。

　　這次考察，我們曾到了民樂縣的扁都口，古稱大斗拔谷，谷口蜿蜒曲折，兩邊山勢高峻。這個山口現已有一條公路由張掖通到俄博，皆係鑿山開闢出來的。公路旁有小河，現在有許多牧民仍然把帳篷置於河邊。七月中旬，河西各地夏收均已完畢，而這裡的小麥卻仍青青

在野，據說尚需一月才能收割。當地的同仁説，這裡氣候變化很大，經常有風雪冰雹，九月即降霜封凍。《隋書》記載煬帝在大業五年（609）六月在這個山口遇到暴風雪，凍死許多士卒。[2]過去讀到這段材料，很難理解，通過這次實地考察，總算得以明白了。

進入河西走廊以後的道路，則是比較固定的了，基本上同古代驛道是一致的。與現在甘新公路也大致相差不遠。只是到了安西之後，一般來説，古代旅行者多去敦煌，出玉門關或陽關，然後進入天山北路或南路，但也有不經敦煌而順現在的蘭新公路由瓜州直至吐魯番的，玄奘西行就是穿過了莫賀延磧到達高昌國的。

至於出河西以後的西行道路，前人已有論述，即分三道：南道、北道和中道。南道，即出陽關至樓蘭，順塔克拉瑪干沙漠南緣而行，經且末、于闐進至蔥嶺。中道則出玉門關至高昌，沿天山南麓和塔克拉瑪干沙漠北緣而行，經焉耆、庫車、姑墨而至蔥嶺。以上兩道開闢時間較早，自張騫通西域以後，即成中西交通的主要幹線。北道，即出玉門關西行，過莫賀延磧至伊吾，沿天山北麓，經蒲類、北庭、輪臺、烏蘇、弓月而至碎葉。此路在兩漢時因常受匈奴干擾，商人多不行此路，至隋唐以後，才成為通西域的主要幹線。從有關史籍記載來看，出玉門關、陽關後，通西域的三道，最早的是南道，至隋唐以後逐漸向北移動。這一演變，我們認為，大概是與漢至唐時西域形勢起了很大的變化有關的。漢代主要是經營天山南路，當時還沒有力量完全控制天山北路的各個地方，故兩漢通西域的道路多在南邊。到了隋唐以後，隋唐政權在天山北路設立了伊州、北庭（即庭州）、輪臺縣、

2　《隋書》卷三《煬帝紀》記載大業五年六月「癸卯，經大斗拔谷，山路隘險，魚貫而出。風霾晦冥，與從官相失，士卒凍死者太半」，中華書局1973年版，第73頁。

葉河守捉、黑水守捉、西林守捉等等，對天山北路的控制也大大加強了，因此，天山北路也成為隋唐以後通西域的主要通道了。

在新疆，我們曾去吉木薩爾考察了原來北庭都護府的遺址。城在縣城北面，分內城、外城兩重，外城東西長一公里、南北長一點五公里，城外有河水環繞，形勢險要。據兩《唐書》記載，此城原係阿史那賀魯的據地，平定賀魯後，設立庭州。當地人說，到西遼耶律大石時，此城毀於戰火。沿護城河上行十公里左右，草灘上還隱約有三條平行的大道，當地人認為這就是唐代的「參天可汗大道」，中間為官道，兩旁為商道。每道寬十三米左右，順道可直達巴里坤。這三條是否是「參天可汗大道」，考察隊的同仁都頗有懷疑，但這城堡遺址同吐魯番的高昌城是控制天山北路通道的兩個對稱的據點，應當是沒有疑問的。

至於河西內部的道路，除了東西的大道以外，值得注意的是，河西內部南北之間的交通亦是非常重要的。中國古來的中原王朝都是建都北方，這因為主要的軍事力量都是要用來對付北方游牧的少數民族政權。北方游牧民族一旦強大起來，除了正北從今河北、山西、寧夏一線向南進攻以外，聯合西南的各民族進擾中原，更直接威脅到秦隴、關中地區，如漢之匈奴與羌，唐之回紇與吐蕃，皆是如此。因此，經營河西，正如漢代的人所理解的，是要「以隔婼羌，裂匈奴之右臂」[3]。在河西走廊，從酒泉北面的額濟納旗，經過張掖，一直向南到民樂的扁都口一線，自古以來就是北方少數民族與西南少數民族往來的通道。這條通道愈到後來愈為重要，至明清時期，成為蒙、藏兩族交往的幹線。

3　《漢書》卷七三《韋賢傳》，中華書局 1962 年版，第 3126 頁。

從以上分析可以看出，河西地區是中國西部地區東行西去、南來北往的十字路口。無論在軍事上、交通上，地位都十分重要。正因為地位的重要，歷代中原王朝都非常注意經營這個地區。早在兩漢時期，這一地區經濟文化就是比較發達的。據居延漢簡所知，這裡屯田組織規模很大，兩漢中原發生饑荒，還曾運河西糧食前去支援。中原先進的耕作技術，也首先在居延、敦煌等地屯田區傳授。也因為這裡是中西交通的要道，所以西去東來的文化都在這裡傳播。可以這樣說，河西走廊是中西文化交流的中繼站。我們這次在河西考察所見的許多漢代文物，諸如銅奔馬、大型彩繪銅飾木輀車、推算天文曆數的木質儀式盤、武威出土的漢代醫藥簡牘，以及各種精美絲織品，便是最好的明證。兩漢以後，當中原大亂時，河西能夠形成如竇融、張軌等偏安一隅的政權，不能不認為這也是與河西原來有相當發達的經濟和文化基礎分不開的。到了隋唐時期，《資治通鑑》記天寶十二載時說：「是時中國強盛，自安遠門西盡唐境萬二千里，閭閻相望，桑麻翳野，天下稱富庶者無如隴右。」[4]可見當時的河西仍然是非常繁榮的。這次我們在敦煌莫高窟所看到的唐代壁畫，真是金碧輝煌，精彩絕豔，更加深了這一印象。

經唐安史之亂以後，一直到元代，河西先後屬吐蕃、西夏、蒙古的統治，絲路交通受到影響，加上元以後海路暢通，這裡作為中西文化交流中繼站的重要作用，也逐漸削弱了。更由於在少數民族政權統治期間，頻繁的戰爭的破壞，使得這一地區就越來越顯得不如內地其他的地方了。明清時期雖然也曾一度繁榮，但到清代同治年間，統治階級在鎮壓回民起義中，進行了大規模屠殺和焚掠，河西又成了一個

4　《資治通鑑》卷二一六，玄宗天寶十二載條，中華書局 1956 年版，第 6919 頁。

荒涼的區域，一直到一九四九年以後，河西人民才獲得了新生。

二、絲綢之路與宗教

在我們的考察中，於河西走廊、新疆東北部的許多地方，都曾看到了中國古絲綢的遺物。如在武威，我們看到了在磨嘴子漢墓群中出土的十多種絹、錦、羅、綺等殘片，有紗薄如霧的細絹，有色彩豔麗、經緯細密的羅錦；又如在吐魯番，我們還看到了阿斯塔那漢墓中出土的精緻美觀、花紋秀麗的絲織品，尤其是其中有聯珠、對鳥、對獸的紋錦，顯然地帶有中亞地區的風格。毫無疑問，這都是古代中西文化交流的明證。我們還在各地看到了許多佛教的石窟寺，看到了用各種文字書寫的經卷。很顯然，在這條溝通歐亞的絲道上，各種宗教的傳播也是中西文化交流中的一個重要內容。就各種史籍所載，自張騫鑿通西域以後，佛教就沿著這條絲路東傳，中外佛教僧侶，其著名的如攝摩騰、竺法蘭、安世高、支讖、朱士行、竺法護、佛圖澄、道安、鳩摩羅什、法顯、智嚴、宋雲、玄奘、不空等等，為了「法流東土」、「澤及眾生」，都曾在這條絲路上奔波。正由於這些虔誠的佛教徒的往來，大大促進了中西文化的交流。許多佛教經典被翻譯成了漢文，中亞佛教造像和寺院建築的技藝也傳入了中國，而中國的道教經典《道德經》亦被譯成了梵文。此後，摩尼教、景教、祆教、伊斯蘭教也順著絲路傳入中國。除了這些與宗教本身直接相關的文化交流以外，就是諸如文學語言、繪畫藝術、音樂舞蹈、雜技百戲等各個方面，也多打上宗教的烙印。法顯、玄奘所撰寫的《佛國記》和《大唐西域記》，更是現存研究西域及中亞古代史地的最寶貴的資料。所以，我們認為，要深入研究「絲綢之路」，就必須開展對宗教的研究，特別是要研究佛教的東傳，以及佛教在傳入中國新疆、河西以後，中原漢族的思想文化與西來的佛教的交流等問題。不可否認，對宗教的研

究，在當前中國的學術界來說，還是一個薄弱的環節，這有待於我們今後不斷的努力。

在考察中，我們先後參觀了永靖的炳靈寺，張掖的臥佛寺、馬蹄寺、金塔寺，瓜州的榆林窟、下洞子石窟，敦煌的莫高窟，吐魯番的柏孜克里克石窟，吉木薩爾的西大寺石窟等等。除上述之外，在烏魯木齊的博物館，我們還看到了包括天山南路在內的「新疆石窟藝術」的展覽。通過這些參觀，我們有如下的一些體會和想法：

首先，我們所考察和參觀過的石窟寺藝術，給我們留下了這樣的深刻印象：當佛教開始傳入中國新疆、河西地區時，早期的石窟建築形式及造像、壁畫的特點，諸如禪窟和中心塔柱的出現，佛像垂肩的髮綹、交腳而坐的格式，以及高鼻深目的形象，都明顯帶有印度、中亞的風味，而到了後來，由於中原文化的影響，於是出現了殿堂式的石窟和「秀骨清像」、豐滿圓潤的仕女塑像。道教神話中的人物也不時滲入了佛教的石窟寺，如敦煌壁畫中出現了東王公、西王母、雷公、電母的形象。新疆和河西是中西文化交流史上的重要地域，由於年代久遠和歷史的變遷，有關中西文化交流的事物多已湮滅了，唯有沿著絲路上的石窟寺至今仍然存在，這是我們研究中西文化交流的最珍貴的資料，因此，開展對石窟寺的調查，集中力量加強對石窟寺考古的研究，這也是當前研究中西文化交流中的一個重大課題。

其次，說到石窟寺的調查問題，我們還有這樣一點想法。我們所參觀過的石窟寺，西起吉木薩爾西大寺，東至永靖的炳靈寺，都是依山傍水修建的。河西的石窟寺，多沿祁連山修築；新疆東部的石窟，亦多在綠洲有水的地方，這當然是與西北地區的自然條件有關的。西北乾旱，多戈壁沙漠，有水的地方，人類才得以生活。河西所以沿祁連山修建石窟，是因為這個地區的水源多來自祁連山雪水的緣故；新

疆東部的石窟亦依山傍水，也因為要依靠天山山脈的雪水。這也就是說，佛教石窟寺的修建，從新疆往東都是沿著天山、祁連山而建的。我們估計，古代的絲路亦應當如此，是沿著新疆天山南、北兩路的綠洲和祁連山而東的。在張掖我們除了參觀了祁連山腳的金塔寺、馬蹄寺以外，沿途還看到了許多的石窟，零星地分布在祁連山各個山腳。據張掖的同仁說，有一地質隊員曾反映，在祁連山還有一個很大的石窟，至今尚未引起人注意。後來有人去找，沒有找到。看來，有組織地沿天山、祁連山進行石窟寺的普查，這是極其迫切的一個任務，因為只有充分掌握了石窟寺由西向東修建的路線，我們才能對古代的絲綢之路的走向作出更為明確的判斷。

　　還有一點，在考察的過程中，我們還看到了數量不少的藏文、西夏文、回鶻文、粟特文的經卷，有些是從敦煌石窟出來的，也有些是在吐魯番發現的，但至今幾乎無人問津，原因是懂得古代少數民族語言文字的人太少，無力顧及。看來，要深入進行古絲路的研究，培養一批懂古代少數民族文字的人才，是亟待解決的問題。

　　最後要說的是，在新疆東北部地區的許多石窟寺中，如鄯善的吐峪溝石窟、吐魯番的柏孜克里克石窟，其中的壁畫都已遭到嚴重的破壞，只有吉木薩爾新發現的西大寺保存得比較完好。據管理同仁談，自元代統治階級提倡伊斯蘭教以後，由於宗教信仰上的分歧，許多石窟寺壁畫都遭到了破壞，對此，我們都深感惋惜。但是，由此我們也聯想到在新疆民族融合的過程中，宗教信仰的影響是很大的，深入研究各種宗教在民族融合過程中的作用，這也是我們史學工作者所義不容辭的。

三、絲綢之路上的民族融合

　　古代的河西和新疆東北部地區，最早都是少數民族居住的地區。

在漢以前，這裡曾居住過月氏、烏孫、塞種等族，至兩漢時，這裡又為匈奴所統治。漢立河西四郡以後，從中原地區遷來大量的漢族人民，西南方面氐、羌族的人民也不斷遷入河西，這樣，河西自古以來就成了一個民族雜居的地方。兩漢以後，魏晉南北朝時期，據有關史籍的記載，在這裡活動的，除漢族以外，有鮮卑、氐、羌、盧水胡等等。隋唐時期，在這一地區比較活躍的有吐谷渾、吐蕃、回鶻等族。唐亡，西夏興起，党項及蒙古占有河西及新疆。入明以後，明劃嘉峪關而守，關外多係吐魯番蒙古活動的區域。清代初年，滿族勢力又進入河西、新疆。可以這樣說，我們考察的地區，正是中國古代各少數民族相互鬥爭和融合的最複雜的一個地區。至今這一地區各族雜居的狀況，應當說是歷史發展的必然結果。

在考察中，我們先後見到了不少古代少數民族的文物古蹟。在武威，我們在文管會見到「亦都護高昌王世勳碑」、「重修護國寺感應塔碑」（即西夏碑），這兩碑對於研究回鶻族的起源及西夏的歷史有極其重要的價值。另外，在武威青嘴喇嘛灣，我們考察了吐谷渾王室的先塋。在這裡曾出土過弘化公主、成樂王慕容明、安樂王慕容神威、青海王慕容忠、政樂王慕容煞鬼、金城縣主、慕容曦光、元王慕容若夫人以及近年發現的大唐故武氏等人的墓誌。這些墓誌對於研究唐代的少數民族政策和吐谷渾王族的家族世系都是極寶貴的資料。

在張掖地區，我們曾到了駱駝城、黑水國遺址。前者傳說是北涼沮渠蒙遜建都的地址，後者據《甘州府志》，原名為龍首堡，不知是何時遺址，可能與少數民族有關。

在酒泉的丁家閘五號墓，甘肅省博物館確定其為五涼時期的墓葬，我們細觀墓室壁畫中的人物，其中有一有髮辮的侍從，可能是少數民族。耕地人亦高鼻深目，是少數民族的形象和裝飾。尤其值得一

提的是，嘉峪關西北面的黑山摩崖石刻岩畫，據說畫有騎士、舞蹈、射獵及牛、羊、駝等動物圖案，所畫人物服飾很像古代西北遊牧民族的穿著。有人認為這些石刻同克孜爾東亦狹克溝中的石刻相似，是吐蕃牧民的創作。

額濟納旗的黑城子，那是西夏時期的一座名城，在額旗文化館藏有從黑城子得到的西夏文書殘片，其中有一「泰定四年七月」的紀年及「亦集乃路」字樣的漢文文書，證明西夏及元代這裡仍是一個繁榮的城市。在黑城子北約三公里外，當地群眾稱為馬圈的廢城中，我們採集了一片碎瓷和一個玻璃構件，經初步分析，也應當是西夏時期的遺址。

在瓜州的榆林窟和敦煌的莫高窟壁畫中，不僅有吐蕃、回鶻人的形象，還有西夏文、蒙古文的題記。藏經洞所出的藏文、西夏文、回鶻文的文書、經卷，更是眾所周知的珍貴文物。

至於新疆東部的鄯善，從八世紀以來，即是回鶻活動的區域，至今居民仍以維吾爾族為主。吐魯番所發現的彩陶，據說是車師的文化。漢以後，這裡受中原漢族文化影響較深，但這裡出現大量的回鶻文書，說明魏晉隋唐時期，少數民族仍是這裡的主人。這些文書應是研究他們在這裡活動的最好的資料。

通過這次考察，使我們今天深刻地認識到：中國古代燦爛的文化，乃是中國古代各族勞動人民共同創造出來的。我們研究中國古代的歷史，不僅要研究漢族的歷史，也要研究各少數民族的歷史。我們要研究漢族人民在開發西北邊疆中的作用，更要研究西北各族人民的卓越貢獻。自古以來，各個民族的文化絕不可能是單一的，不受其他民族影響的，而總是在與其他民族不斷的交流中相互吸收、相互提高的。就以中原漢族與西北各族的交流而言，無論在典章制度、生產工

具、語言文字、音樂舞蹈、醫藥藝術以及生活習慣等各個方面，都能尋找出相互影響的證據。正是這些交流，才大大地促進了中國各民族之間的了解，才有我們今天民族團結的大家庭。也因此，我們研究祖國古代的歷史，研究古代各民族之間鬥爭、融合的過程，研究各民族之間文化的交流，研究各族人民對中國經濟、文化等各方面的貢獻，應是我們的一個重大的任務。

綜合我們考察的地區，我們還認為：對於古代在這一地區活動過的少數民族，諸如烏孫、月氏、塞種、匈奴、羌、氐、吐蕃、回鶻、党項、蒙古、回等族，我們不僅要進行深入的研究，了解他們在這一地區活動的狀況，以及他們遷徙、融合的歷史過程，同時，還要結合現在這一地區的許多民族，如土族、裕固族、維吾爾族、藏族、蒙古族、回族等等來進行考察，把歷史和現狀結合起來，搞清這些民族的演變和發展，對於我們加強民族團結、共同進行社會主義的建設是有極其重大的現實意義的。

我們這次古絲路的考察，從許多文獻資料及考古發現來看，絲路的暢通與否、絲路的發展與繁榮，也都是與西北各個少數民族的貢獻分不開的。在這條絲路上不畏艱險，為了弘揚佛法，冒險西行的有不少少數民族的高僧；長途跋涉，往來販運的大多亦是少數民族的商人。景教、祆教也是由少數民族的信徒傳入中原的。到唐代安史之亂以後，維吾爾族的祖先回鶻所建立的汗國，則更成了絲綢之路東段的中繼站。河西回鶻、西州回鶻都曾是絲路上的商業貿易和中西文化交流的居間人。這些回鶻政權還同遼、宋等中原王朝不斷發生貿易關係。風塵僕僕的少數民族商隊和虔誠傳教的少數民族神職人員們都在這條絲路上奔波。在此以後不久，伊斯蘭教也就和東傳的其他宗教一樣，取道絲路進入了這個地區。所有這一切都說明，絲路的暢通和繁

榮，都是和這一地區的少數民族的活動連繫在一起的，在我們探討絲
路的各種問題時，應當加強這個方面的研究。

四、絲綢之路與古代的軍事設防

　　我們所考察的河西走廊與新疆東北部地區，這是溝通亞、歐大陸
的「絲綢之路」的東段。在中國古代的歷史上，這兩個地區最早都是
少數民族政權管轄下的地方，後來經過長期的民族的鬥爭和融合，逐
漸歸屬於中原漢族封建王朝所管轄，成為各民族雜居的一個區域。正
因為這裡曾經有過長期的民族融合和鬥爭的經歷，所以在這裡也留下
了歷史上中原王朝為經營這兩個地區所修築的軍事設施遺址，如長
城、烽火臺，以及許多著名的關口、城堡等等。

　　河西地區，是中國古代中原漢族王朝向西發展的重要據地。正如
我們上面指出的，占有河西這塊水草肥美可耕可牧的地方，既可割斷
蒙古高原游牧民族和西南地區羌族的連繫，解除中原漢族封建政權從
西北來的威脅，同時，還可以以河西為據地，進而向西發展，控制天
山南、北路的廣大地區。西漢王朝與匈奴為爭奪河西而進行的大規模
的戰爭，正是出於這個原因。當漢王朝爭得河西，在這裡設立四郡以
後，這裡一直就成為歷代中原王朝西北的重要防地。據《漢書‧西域
傳》及《匈奴傳》等有關記載。武帝在設立四郡的同時，即築令居塞，
以後又修築了酒泉與玉門間、敦煌與鹽澤間的長城，在居延，還修築
了遮虜障。我們從蘭州出發去武威、張掖的路上，就見到了公路兩旁
斷斷續續的長城，間或也看到一些烽火臺。據《甘肅新通志》所載，
這些都是明代的長城，不是漢代的長城。可以斷定是漢代的長城的，
只有玉門關附近一段，雖經幾千年風雨的剝蝕，現存底寬仍有三米
多，高二米多，頂上寬有一米多，狹的不到一米。這段長城係由紅
柳、蘆葦草與沙石相間修築起來的。在現在敦煌市陽關鎮與小方盤城

之間的戈壁灘上，還隱隱看到由沙石堆起的一條長壘，高零點三米左右，據引路的同仁説，這也是長城的一段。在過去一直被定為玉門關關址的小方盤城西二公里，還有一漢代的烽火臺遺址，是土坯夾蘆葦築成，現存十三層。烽火臺南百米，有一堆柴草，是當時古代烽火臺上的遺物。在敦煌博物館，我們還看到了由漢代烽火臺遺址上取來的由蘆葦草束成的火把，最長的有二點八五米，小的僅有幾釐米長。根據《漢書‧賈誼傳》所引的注文：「邊方胡寇，作高土櫓，櫓上作桔皋，桔皋頭兜零，以薪草置其中，常低之，有寇即火燃舉之以相告，曰烽，又多積薪，寇至即然之，以望其煙，曰燧」，「晝則燔燧，夜則舉烽」。所看到的柴草，即是書中所指的積薪。陳直先生在《兩漢經濟史料論叢》一書的《居延漢簡概述》一節中，曾談到了漢代烽燧制度，認為漢代報警有四種：「一曰表或作烽，以繒布為之，色赤為白；二曰煙，在烽火臺中建高桿，桿頭繫小籠，用薪焚燒；三曰苣，形式略同於後代火把；四曰積薪，燃燒草料。」陳先生所説烽表為一物，恐非是。據居延發現的《塞上烽火品約》[5]，烽應當是燃舉的，表則是不能燃燒的，而苣，當即是我們所見到的用蘆葦束成的火把。在居延發現的最長的苣只有零點八米，而敦煌發現的則比它要長三倍多，至於長只幾釐米的小苣，據我們推測，則是用來引火的。

除了敦煌所見烽火臺以外，在去居延的路上我們還看到一些古烽燧的遺址，未考其年代。值得一提的是，在鄯善北面天山山脈的山口，有一個叫做二唐溝的地方，見到了一個極其高大的烽火臺遺址，整個臺址用土坯築成，呈梯形，上有瞭望臺，下部有洞窟。據當地人

5　甘肅居延考古隊簡冊整理小組：《「塞上烽火品約」釋文》，載《考古》1979 年第四期。

說，未發現過任何器物，不知是何年代所築。

我們所見的長城和烽燧，當然是河西和新疆東北部地區的極少的一部分，顯然不可能對古代這兩個地區的邊防狀況作出全面的描述，但我們在敦煌博物館看到了一幅有關敦煌漢代烽燧的地圖。他們經過實地的調查，從瓜州縣南岔鎮百旗城廢墟開始直線向西，穿過西沙窩，經黃墩子北面，沿敦煌城去小方盤城的兩邊，以致於後坑、灣窟等地，都有漢代的烽燧及長城的遺址。他們還擬向西、向北調查，搞清境內長城及烽燧的去向。

這一路上我們所看到的重要關隘，主要為嘉峪關、玉門關、陽關等等。嘉峪關係明代嘉靖年間所建，關正修建在嘉峪關山的山坡上，山坡下有「九眼泉」，可供飲用，南有祁連山，北有黑山，中間僅有二十八里，可供通行。以關為中心，長城分東、南、北三條延出，扼守此關，用以阻擋從西面玉門等地及北面黑山山口來的游牧民族的騷擾，考察嘉峪關的天然形勢，使我們進一步了解明代設關的原因。

關於玉門關、陽關，我們參觀了小方盤城遺址和古董灘，也到了陽關水庫，這就是《史記》、《漢書》所說的渥窪池，《唐書》上所說的壽昌海。兩關是去西域的兩個門戶，是古代交通要道，可是，玉門關現已渺無人煙，只有陽關一帶，柳樹、白楊成蔭，渠水潺潺，仍是一個生氣勃勃的綠洲。至於兩關遺址，現在尚有爭議，有待進一步考察。

通過這一次考察，對於古代河西及新疆東北部的軍事設防，我們有如下的一些心得：

首先，任何時代的軍事設防，它總是同自然的地理形勢緊密結合在一起的。河西是走廊地帶，而新疆東北部則是戈壁、沙漠中的幾片綠洲，因此，形勢的不同就使得軍事設防的布置也完全不同。在河西地區，南為祁連山，終年積雪，不易翻越，是個天然屏障，所以古代

防羌，主要是守住祁連山的山口，如武威的莊浪河谷口、張掖的扁都口、敦煌的當金山口等；北面主要是沙漠地帶，武威與張掖之間的龍首山以及西邊的合黎山、馬鬃山，海拔二千多米，相對高度五百多米，駝馬都能通過，所以，北面軍防就需修築長城，呈一帶狀。漢代就是根據這一地形從蘭州一直修築邊塞至鹽澤。而張掖北面的居延，因可耕可牧，又是南北往來的大道，故漢代在此屯墾設防，伸出觸角，鞏固河西這條帶狀的防線。據一地質隊同仁談到，他們在武威、張掖北面的山上曾看到一條很長的壕溝，認為是古代防線的邊壕。新疆東北部，因係幾片綠洲組成，其軍防則只能設立據點，控制通道，而不可能像河西一樣呈帶狀的設防。如伊吾（今新疆哈密）、蒲類（今巴里坤）、北庭（今吉木薩爾）、高昌（今吐魯番）等，互為犄角，守住這幾片綠洲。

其次，通過這次考察，使我們對漢、唐兩代由於邊疆形勢的不同，而軍事設防重點也有所不同這一點，有了更清楚的了解。漢代打敗匈奴以後，河西初立四郡，漢王朝的勢力雖然亦進入了西域，但河西仍是漢代對付少數民族統治階級進擾的主要防線，故在這裡設施較多，修築長城，移民屯防，大量駐軍，不斷地充實力量。而到了唐代，則由於唐代在打敗西突厥以後，天山南北路多已歸屬唐王朝的統轄，河西已不是唐王朝與少數民族統治階級爭奪的前沿陣地了，爭奪重點已由河西轉移到了西域地區。從兩《唐書》我們可以看出，安西四鎮的爭奪才是唐代西北邊防最重要的事情。也正基於這一形勢的變化，所以唐代雖然也把河西作為一個軍事重鎮，先後在這裡設立涼州都督府和河西節度使等，但無論從史籍記載及實地考察中，我們都沒有得到像漢代經營河西那樣的強烈印象。

關於古代河西軍防問題，現時發表的文章，都是根據看到的烽火

臺、長城，以及居延、敦煌所得的漢簡而寫出來的，但從總體來說，河西整個軍防體制，屯田狀況，陽關、玉門關兩關的確切的地址，漢長城的走向及烽燧的分布，都還提不出全面的論述及有力的證據，有待我們進一步的調查和發掘。據我們所知，前幾年，有關單位在敦煌、居延兩地進行過幾次試掘，得到了一批漢簡，可能對解決這些問題有很大幫助，望能儘快地整理發表，推動這一課題的研究。

五、絲綢之路所見的古城遺址

我們這次考察河西及新疆東北部地區，見到了一系列的古城遺址。這些遺址是：

民樂縣永固城遺址　現為永固鎮所在地，在民樂縣南部，地勢很高，海拔在二千二百米左右。城分新、舊兩城，舊城有內城、外城兩層，外城周圍有九點三里，同明代所築張掖城的範圍相等。城是夯土築成，年代不可考。考察隊同仁在舊城中拾了一些漢代的瓦片，有可能是漢城。據《甘州府志》說，這裡原是漢代的漢陽城。新城群眾稱為算盤城，在舊城北，較小。據當地人說，永固城在漢代時是月氏村，大業五年（609），隋煬帝曾經此處，清代這裡有游擊將軍的衙門，城東、西兩側都有一個小湖，據說以前這兩個湖都很大。在城邊由南向北，有幾個大墩，高十來米，可能是九座墓葬。據說，城東不遠還有一城，叫霍城，原是霍去病駐兵之所。這裡南近扁都口，可通至青海，北至張掖，東至山丹、武威，是河西走廊內部交通要地。歷代駐兵於此，大概是為了要把守扁都口一線，控制河西內部南北的交通。

張掖市黑水國遺址　在張掖西十五公里甘新公路旁邊。城在一片荒漠中，周圍多是沙丘。現有人引水種上了一些楊樹。四面城牆多用夯土築成，基本完好，東西長二四八米，南北二二二米，東牆門外有甕城，四角有角樓。城外是漢墓群，有許多漢代的子母磚。考察隊同

仁還拾回一些宋元的瓷片。據《甘州府志》，這裡原稱龍首堡，不知築於何時。

高臺縣駱駝城　城在高臺縣西的沙丘中。這座古城址規模大，分有外廓、宮城、皇城三層。宮城在城西角。外城北面臨一條小河，據說是黑水的支流，由於河水的侵蝕，北牆已經塌壞。東、西兩邊，也因河水環繞，生怕再受侵蝕，當地管理部門正派出兩臺拖拉機修築堤坎。該城據稱是北涼段業建都的地方。高臺文管會的同仁說，他們曾從城中拾回箭鏃一噸多，還發現一顆「部曲督印」。我們考察隊同仁還拾來一枚「開通元寶」錢。距駱駝城不遠的許三灣，據說有漢墓三萬餘座，大多被盜或塌毀。

額濟納旗黑城子　在旗南偏東約十五公里處。其規模略似駱駝城，城外有喇嘛教塔，城內廢墟一片，多宋元瓷片。這座廢城過去因發現西夏文書殘片而名聞中外。考察隊同仁在這裡還曾拾到一枚「開通元寶」錢，可作為研究該城修築年代的一個佐證。

額濟納旗破城子　城在黑城子西十餘公里，這就是以出土漢簡而聞名於世的所在。據所獲漢簡，這裡可能是漢代居延都尉下屬甲渠候官的駐地，對於此城，歷來介紹較多。考察隊同仁在城墟的積灰堆中拾得九枚斷簡及若干絲、麻織品。

瓜州縣鎖陽城遺址　在酒泉去瓜州的路上我們看了好多個古城遺址，如赤金城遺址、回回城遺址等等。在去榆林窟路上，我們又參觀了一個破城子，據說是漢廣至縣城，後為唐常樂縣。其中最大的要稱今瓜州縣的鎖陽城。鎖陽城又名苦峪城，在鎖陽城鎮南壩村正南七公里的沙漠灘上，南距祁連山十餘公里。城為長方形，由夯土築成，南北約四七〇米，東西三三〇米，城牆高處十米。城中有一南北隔牆，將城分成東西兩部，東小西大，東部可能是內城。北牆、南牆各有馬

面五個，東牆三個，西牆四個，該城還有四個甕城，北牆一個，東、西牆各一。城內已叢生雜草，有幾處尚可見房屋建築遺址。在城外西南有兩個小方城，高十來米，四壁無門，當地人説這大概是個監獄。據當地人介紹，此城是唐代的瓜州城，傳説當年薛仁貴兵敗受困於此城，士兵全靠城內鎖陽充飢。又説，唐王朝在此城與少數民族曾進行過多次戰爭，後來，少數民族軍隊從上流截斷城東疏勒河支流的水源，於是城廢。考察隊同仁在這裡拾到兩枚「開通元寶」錢。

鄯善縣柳中城　在鄯善西魯克沁。據説是唐侯君集攻高昌時駐兵之處，現僅存城牆約五十米。旁又修築一城，據説是清代所築。

吐魯番市交河城　交河城在吐魯番市西十五公里處。此城前後有兩條河交叉於城外，城在兩河匯流中間的高處。城牆距河水約二三十米。這個城同其他城有一個很大的不同特點，即此城是利用原有的高臺下挖而成的，因此，城牆很少版築，多為原土層挖成。全城東西長一千六百米，南北寬三百米，城中寺院房屋、地窖、鍋臺皆歷歷可見。這是我們所見規模比較大，而且保存最完整的一個城址。

吐魯番市高昌城　在吐魯番城東南約三十公里處，是我們見到的最大的古城遺址。城分外、內、宮城三層，周長五公里多。外城亦有馬面、甕城等建置，城內建築遺址依稀可辨，街道、房屋、冶煉作坊皆可清楚辨認。西南角是佛寺，建築較高，寺內塔柱、禪室仍保留至今。這座古城原是漢代戍兵的駐地，設有戊己校尉，進行屯墾。十六國時，前涼曾於此置高昌郡。後高昌國以此為國都，唐滅高昌，以其地為西州。至唐晚期，這裡又是西州回鶻的都城。這個古城不知毀於何時，城內到處斷壁殘垣，還有幾塊耕地。據當地博物館同仁説，現正逐步向有關社隊購回土地，以保城內古蹟不再遭受損壞。

吉木薩爾的北庭都護府，上面已有介紹。

一路所見古城遺址，給我們以這樣的一些看法：

首先，我們拿河西的古城與新疆東北部的古城比較，從規模來講，新疆境內的幾個古城比較大，如高昌城，周圍有五公里長，交河城及北庭都護府舊址都有二三里寬，比之河西最大的駱駝城、鎖陽城都要大。推其原因，這大概是與修築的時代及當時形勢有關的。上面已經說到漢時西邊防線的重點是河西一帶，故大力經營這一地區。而到了唐代，西面邊防已推至新疆天山南、北兩路，故經營重點也隨之西移。漢代在天山北路所修的城址，經魏晉擴建，特別是到唐代作為重點防區的建設，以唐代的人力、物力來修築這些城堡，其規模當然就要比河西地區原有的一些城址要大了。交河、高昌、北庭，都是唐代天山北路的著名城市，唐代在這三個舊城都曾駐過許多軍隊及重要的軍事機構。以後，高昌、西州回鶻於吐魯番立國時，這些城址是其都城或者是境內重要的城堡，當然也有所建樹。所以，這些城址有如此大的規模，應當認為，少數民族政權也是作出了很大的貢獻的。

其次，我們從所見城堡得出了這樣一個印象：即河西的黑水國遺址、駱駝城、鎖陽城、額旗的破城子、黑城子等等，周圍都沒有居民。而新疆天山北路的古城址卻不同，交河、高昌、北庭三城周圍都有居民點。對於這一點，我們考察隊的同仁認為，許多古城的毀廢，當然與戰爭有關，但有一點值得注意的是：西北地區乾旱，有沒有水源，決定了城鎮的生存。河西許多古城廢棄，連居民也全部搬走，應該是同水源斷絕有關的。額旗的黑城子、破城子，據當地同仁介紹，因弱水逐漸變小，河水流不到城邊，這兩城也廢止了。鎖陽城據說是在唐與吐蕃的一次戰爭中，少數民族軍隊截走了城邊小河上流的水源，防守軍隊及居民無水可喝，於是就不戰自潰，此城亦廢棄了。河西地區許多古城址附近連居民點也沒有，大概是與水源斷絕這一原因

有關係的。

　　說到水源問題，還值得一談的是，生態平衡的破壞，對於歷史的發展亦產生了極大的影響。額濟納旗一些古城的廢棄和沙漠化，就是一個沉痛的教訓。據《史記》、《漢書》等書的記載，兩漢時代的居延海原是很大的一個湖泊，附近草木都很茂盛，是當時最大的一個屯田區。可是由於歷代的濫伐森林和胡亂開墾，許多耕地都沙漠化了。據當地同仁說，由於祁連山樹木被大量砍伐以後，弱水水源逐漸變小，再加上上游、下游一起亂加開墾，節流灌溉，結果是既種不好新開墾的土地，卻又毀了草場，特別在下游，使原有耕地也逐漸變成了沙漠。不尊重自然規律，必然要受到大自然的懲罰。這次考察，使我們更加深了要尊重生態平衡的認識。

（原載《蘭州大學學報》1982 年第四期）

敦煌學與古代西部文化

　　近年以來，地區文化史的研究逐漸深入，這是極為可喜的現象。各地區的文化是在各地區經濟、政治基礎上發展起來的。地區的差異，形成了地區的不同特點。研究各個地區不同的文化特點，鑑古知今，通曉民情，無疑有助於今日的開拓和發展。在地區的文化史研究中，中國西部的文化深為國內外學者所矚目。西部文學、西部歌曲、西部電影、西部風情等詞不斷見諸報刊、雜誌，黃土高原上古樸淳厚的民風，絲路古道上雄奇開闊的景觀，得到了世界各國人民的仰慕和讚揚。然而，西部文化有哪些特點？它是怎麼形成的？當今世界上出現的「敦煌熱」、「絲綢之路熱」同西部文化有什麼樣的關係？討論這些問題對今日我們開發大西北有什麼可以值得借鑑的？卻很少有人論及。現就這些問題，提出自己的一些粗淺的意見，希能得到學界的指正。

　　一

　　「西部文化」一詞，當然是指中國西部地區的文化。但是，西部應包括今天哪些地方？目前普遍的意見是包括西北五省區和西南五省區

市，這是從經濟發展狀況出發提出的概念。如果從文化角度看問題，則西北與西南又存在著很大差異，並且西南地區和敦煌學基本上不發生關係，故我們這裡討論的西部只涉及西北地區。對我們這裡所特指的西部地區，很多學者以解放初西北行政區，即包括今陝、甘、寧、青、新五個省區來界定，以為自古以來就是如此。其實，西部地區的概念，在不同的歷史時期有不同的劃分。春秋戰國以前，周、秦兩國都起於陝、甘，周族在文王時居於周原（今陝西岐山縣），被封為西伯，是西邊的諸侯之長，但到武王滅紂，建都於鎬（今陝西西安市長安區西北豐鎬村附近），關中已成為統一政權的腹心地區了。秦起於今甘肅東南部，不斷向東擴展，從稱霸西戎到統一全國，以咸陽為都城，關中不僅成為全國的政治中心，經濟、文化更有了長足的發展。自秦以後，漢唐一千多年的時間裡，長安曾是八個王朝的都城，為世界上最大城市之一。關中地區交通線四通八達，以長安為中心，雲集了全國文學、史地、書法、繪畫、音樂、天文、醫學等各方面的優秀人才。隋唐時期的關中地區，可說是當時全國文化最發達、科技最先進的地域，這時的關中，應不是所謂的西部文化，而是中原文化的表率了。此後，長安雖不再為統一封建王朝的都城，經濟、文化的發展不如沿海那樣迅疾，但一千多年來中原文化的遺留和影響，卻深深地根植在這塊土地上。從唐五代保留至今的碑林石刻，到宋代有所謂「關學」，清代前期有所謂「關中學派」，正是根植於這塊土壤上所開出來的花朵。就此而論，秦漢以後，關中地區的文化應屬於中原文化的系統，不應把它歸之於西部文化之列。

　　那麼，西部文化應該是包括哪些地區呢？秦漢以後，所謂西部文化應該是隴山以西的今甘、寧、青、新四個省區。這是因為不僅從地理位置上這四個省區正在中國的西部，更重要的是這四個省區還具有

幾個共同特點，與其他省區形成鮮明的對照。

　　這些共同的特點是：

　　一、自古以來就是個多民族活動的場所。西部地區多大山、沙漠，有大片的草灘、戈壁，也有溝壑縱橫的黃土高原。中國著名的大山如阿爾金山、天山、崑崙山、祁連山，以及著名的沙漠如塔克拉瑪干沙漠、古爾班通古特沙漠、庫姆塔格沙漠、巴丹吉林沙漠、騰格里沙漠等，都在西部地區。黃土高原上梁、原、峁、谷的地形，更可稱為西部地區的一大特色。西部地區氣候寒冷，降雨量小，而蒸發量卻很大，少雨缺水可說是此區的另一特色。西部面積甚為廣闊，四省占全國四分之一以上。但是，四省耕地面積卻在全國所占比例甚少。地寬而耕地少可謂西部的又一特點。正是由於這樣的自然條件，自古以來西部成為游牧民族活動的場所。見於史籍的，在西部活動的游牧民族有西戎、西域諸國、烏孫、月氏、匈奴、氐、羌以及後來的柔然、鮮卑、吐谷渾、吐蕃、突厥、回鶻、党項、蒙古等等。這些民族尚力好武，剛勇強悍，特別是其質樸淳厚的民風，在西部留下了深遠的影響。

　　二、游牧民族的文化與漢族農業文化的交融。自古以來，西部是游牧民族馳騁的地域。西部的自然條件為游牧民族提供了活動的廣闊天地，但是，隨著統一的中原王朝的出現，游牧民族貴族與中原漢族封建統治者的衝突也就愈為激烈。長期以來，中原封建統治者為了對抗游牧民族貴族的侵擾，不斷主動出擊，向西擴展，從漢武帝設立河西四郡，開通西域，到唐太宗擊潰吐谷渾，於西域建立起安西都護府，中原漢族封建王朝的勢力不斷深入到西部地區，設郡、移民、駐兵、屯田，漢族統治者一系列鞏固邊防的措施，使中原漢族的農業文化在西部這塊土地上生根、發展。兩漢以後，河西走廊地區逐步成了

以漢族為主體的農牧區。河湟、朔方、西域也由於中原王朝的駐軍、屯田，修建了不少水利工程，帶來了中原先進的農具和耕作方法，農業生產有了一定的發展。這樣，原來西部游牧民族的文化與中原農業民族的文化逐步融合在一起了。西部地區隨著中原王朝勢力的增長，既在有些地方設立了如同內地一樣的州縣，推行中原王朝的政治、經濟制度，同時，在有些地方卻仍保有游牧民族原有的部落組織和生產、生活習俗，中原政權只是實行羈縻統治而已。幾千年來，正是在民族鬥爭、民族融合的大熔爐中，中國許多民族都緊緊地連繫在一起了，終於出現了今日民族團結的大家庭。融合和共同進步是歷史發展的主流，但是，這種融合又是在各民族保有自己民族文化傳統的基礎上，不斷吸收兄弟民族優秀的文化而形成的。今日中國西部地區在語言、文學、宗教、民俗、音樂、舞蹈等方面顯出不同於其他地區的特點，應該說是古代以來西部游牧民族文化與中原漢族農業文化交流、融合的結果。

　　三、中國西部地區是古代中西文化交流的中繼站。在古代科學技術還不十分發達時期，海路不通，中國中原王朝與世界各國交往都是通過陸路進行的。古代西部地區的絲綢之路則是中原王朝與中亞、南亞各國進行交往的大動脈。自張騫「鑿空」以後，中原王朝與西域各國的交往愈來愈為密切。西來的文化與中原的文化就是通過這條大動脈交流傳播的。正因為如此，中國西部地區的文化中，不僅保存有游牧民族自己的傳統文化，有自中原傳來的漢族的農業文化，同時還有自中亞、南亞，甚至是歐洲傳來的西方文化的遺留。在中國的宗教中，佛教、基督教、伊斯蘭教就是西面傳入的。西方傳來的還有繪畫、音樂、舞蹈、百戲以及一些珍禽異獸、植物新品種等。中原王朝的天文、醫學以及冶鐵、造紙、印刷、製造火藥的技術，也就是通過

這條大動脈傳到中亞的。在東西文化的交流中，中國西部是一個中繼站，也是個匯合區。西來的文化首先在這裡與中原的文化接觸，相互吸收，相互融合，中原文化的西傳，許多還是通過游牧民族而傳至中亞的。

二

在古代西部的文化中，敦煌學堪稱是這個文化園地中最為豔麗的一束花朵。

敦煌在河西走廊的最西端，今天敦煌市的面積為三萬二千多平方公里，比之於臺灣省略小一點，但比比利時還要大。古代以敦煌為名的，曾經立過郡，建過軍鎮，面積則就更大了。兩漢時的敦煌郡，有六個屬縣，包括今敦煌市、瓜州縣全部及肅北蒙古族自治縣的一部分，面積相當於大半個浙江省。以敦煌命名的面積最大的還是北魏時的敦煌鎮，這個軍鎮管轄有酒泉軍、晉昌戍、樂涫戍等，河西走廊西部地區全部成了它的管轄區。隋唐以後，敦煌為沙州的治所，元曾建立沙州路，至清又以敦煌為名，為安西州的一個縣。

敦煌的面積雖然很大，但多為沙灘、戈壁。南部為鳴沙山、三危山，山南多流沙及礫石戈壁，北部則是準平原化的礫石戈壁灘，只有中部黨河下游的沖積平原，才可以耕種。經過幾千年來勞動人民的辛勤開發，現在敦煌的耕地僅有二十多萬畝，相當於全市面積的百分之四到百分之五左右。加上林地面積四十萬畝，也只占全市面積的百分之十三到百分之十四。敦煌的人口，據近年統計，不到二十萬人，平均每平方公里僅有六人左右。漢武帝攻取河西之前，敦煌人口不詳，應多為匈奴等少數民族。武帝初建敦煌郡，至漢平帝元始年間，全郡有戶一萬一千二百，口三萬八千三百三十五，勞幹先生曾作過統計，當時敦煌郡每平方公里僅只零點三人。魏晉南北朝時期，因中原戰

亂，有很多中原人民遷來河西，但到後涼時期，呂氏統治暴虐，戰亂
不斷，一直至北魏統一北方，占有河西，這裡的人戶更為稀少。《魏
書・地形志》載，涼州十郡、二十縣，僅有戶三千二百七十三，每郡
僅三百餘戶，每縣一百六十戶，與西漢相比，僅留下了零數。隋唐大
一統局面的出現，加以長期的穩定，人口大幅度增長，敦煌郡唐稱沙
州，按縣平均，每縣人口在一萬至一萬六之間，是西漢以來人口最多
的朝代。此後，經吐蕃、西夏、元的統治，敦煌人口直線下降，至明
代，這裡已成為少數民族活動的地區。清代經理關外，從甘肅各地遷
徙貧民至敦煌屯種，到乾隆時，達到最盛，據《重修敦煌縣志》說，
已達八萬多人。同治兵亂，人口又大幅下降，一直到民國時期，其地
仍不到二萬人。

　　地廣而人稀，可謂是敦煌地區的一個特點。而由這一特點派生
的，我們還進一步可以看到另外兩個特有的現象，一是敦煌地面雖
廣，但在歷史上仍是一個「狹鄉」。在唐代實行均田制時，按規定，每
丁一百畝，不足之處稱為「狹鄉」，根據敦煌石室發現的戶籍，許多戶
只有永業田而無口份田，授田大多不足。按所發現戶籍統計，當時每
丁平均只三十五畝左右，同內地狹鄉差不多。這是因為敦煌可耕的土
地多集中在黨河下游的沖積平原內，即大家所稱的敦煌綠洲，其他多
為沙漠、戈壁。二是敦煌自古以來就是民族雜居之地，敦煌最早的居
民，按古代傳說，是三苗族，即所謂的「竄三苗於三危」。《後漢書・
西羌傳》說：「西羌之本，出自三苗。」《通典》也說，三苗部落的子
孫就是後來的羌戎。羌戎，是古代西部少數民族的總稱，指的是他們
大多過著游牧的生活。《說文解字》注「羌」字即說：「羌，西方牧羊
人也，從人從羊。」可見同遊牧生活有關。至戰國以後，敦煌一帶有確
切記載的民族是烏孫、月氏。《漢書・匈奴傳》記載，這兩族「與匈奴

同俗」，顯然指的主要是從事於游牧，完全不同於西域主要從事於農耕的一些綠洲王國。到漢武帝占有河西，成立敦煌郡，在這裡屯田設防，徙民實邊，遷來中原的許多漢族貧民，才使敦煌這塊綠洲的農業迅速地發展起來。漢代敦煌郡六個屬縣中就有多個縣與屯田及農業生產相關。效谷縣之得名，《漢書‧地理志》說，有濟南崔不意為漁澤尉，「以勤效得谷」，因以為縣名。敦煌龍勒縣有渥窪水，武帝時，南陽新野暴利長「屯田敦煌界」，獲得了神馬。冥安，因「有南籍端水出南羌中，西北入其澤，溉民田」。淵泉則因地多泉水而得名。西北地區缺水，水是農業生產的命脈。漢代敦煌的屬縣，多在有泉水的地方設縣，以便駐兵屯田，移民開墾。

漢代敦煌農業雖然很快發展起來了，但是畜牧業並未因農業發展而衰落。《漢書‧地理志》說涼州時即寫道，河西曾移來關東許多貧民，然與中原相比，「習俗頗殊，地廣人稀，水草宜畜牧，故涼州之畜為天下饒」。武帝取得河西，匈奴大部被遷出走廊，然據兩《漢書》所載，兩漢在張掖郡有屬國，可見在河西還留有部分的匈奴部落。他們應仍過的是游牧的生活。就是在敦煌一帶，於黨河綠洲的外圍和山區，兩漢以後，仍有一些游牧民族在這裡活動。《三國志》卷三《魏書‧烏丸鮮卑東夷傳》注引《魏略》說到，東漢後期，即有數萬部落的「貲虜」集體逃亡到金城、武威、酒泉及弱水上游、黨河流域一帶，在那裡「畜牧逐水草，鈔盜涼州」。「貲虜」，原是匈奴的奴婢。

進入三國以後，中原長期離亂，一直到隋王朝建立的三百多年中，只有西晉時有過短暫的統一。在這段時間裡，河西地區雖然仍以漢族為主，但這裡已是各族角逐的場所。早在東漢時期，羌人起義曾不斷波及河西。鮮卑自二世紀五〇年代起即占有匈奴故地，其中一部分深入河西，史稱為「河西鮮卑」。月氏、匈奴的餘部仍留在河西的南

山之中，盧水胡即是其後裔。氐人早在西漢時因在武都起義，被鎮壓後遷至酒泉一帶，後來，又隨著前秦、後涼政權的建立，亦在河西地區擴展其勢力。所以，這段時期河西成了西北各族雜居的地區，當李暠在敦煌建立西涼政權時，史稱他「修敦煌舊塞東西二圍，以防北虜之患，築敦煌舊塞西南二圍，以威南虜」[1]。具體說來，就是防止北面的柔然、南面的吐谷渾及東面的盧水胡。《魏書・蠕蠕傳》說，柔然強大以後，「常所會庭則敦煌、張掖之北」。這就說明，儘管兩漢及十六國時期敦煌曾遷來了許多中原漢族的人民，但是，游牧民族仍在敦煌周圍有頻繁的活動。及至北魏時期，柔然曾多次入圍敦煌，以致於孝文帝時朝廷一些當政者「以敦煌一鎮，介遠西北，寇賊路沖，慮或不固，欲移就涼州」[2]，只是由於韓秀的竭力反對而沒有放棄。

到南北朝後期，柔然衰弱，突厥興起，整個蒙古高原及西域皆臣屬於突厥，青海的吐谷渾亦曾為突厥所破，河西成了突厥經常抄掠的對象。但是，隋唐兩代畢竟都是大一統的封建帝國，經濟發達，國力強盛，在不斷反擊突厥的戰爭中先後都取得了重大的勝利，許多突厥人被迫西遷了，也有許多被遷入了內地，其中有一部分即遷入了河西。唐貞觀六年，東突厥敗滅後，契苾何力即「率部落六千餘家詣沙州降，詔處之於甘、涼之間」[3]。至於河西走廊南邊的吐谷渾，隋唐時期也經常進擾河西，隋煬帝在西巡張掖時，一度擊滅其國，於其地設立了且末、河源、西海、鄯善四郡。隋末唐初，吐谷渾復國。到唐貞觀八年，吐谷渾被擊敗後臣屬於唐，但也在此後不久，於青藏高原上興起的吐蕃不斷北上，擊滅了吐谷渾。唐王朝將吐谷渾王室慕容氏遷

1　《晉書》卷八七《涼武昭王李玄盛傳》，中華書局 1974 年版，第 2265 頁。

2　《魏書》卷四二《韓秀傳》，中華書局 1974 年版，第 953 頁。

3　《資治通鑑》卷一九四，第 6099 頁。

至武威，許多吐谷渾部眾也因之遷入河西走廊。安史之亂後，吐蕃占有河西，隨之吐蕃族也就大量移入這一地區。後來，蒙古高原上的回鶻為黠戛斯擊敗，部眾西遷，一支西遷到河西，史稱「甘州回鶻」或「河西回鶻」。這支回鶻「初附吐蕃」，至張議潮於沙州起義後建立起歸義軍政權，又依附於歸義軍。後來，這支回鶻在甘州建立起獨立的政權。另外，吐蕃的餘部及被吐蕃奴役的「嗢末」，也曾在河西建立起蕃漢混合政權。至十一世紀初期，党項勢力不斷伸進走廊，攻滅了涼州蕃漢混合政權、甘州回鶻、歸義軍政權。河西為西夏的屬地近兩個世紀。

　　還要提及的是，自兩漢以來，自西域方面亦遷入了不少的少數民族，見於史籍的就有昭武九姓胡、龍家、沙陀等等。

　　總之，古代的河西既是中國西部各族生存、棲息、融合的場所，也是西部各族在這裡輪番演出一幕幕雄武悲壯活劇的舞臺。也正由於這一地區的歷史特點，所以古代河西文化的成分就比較複雜，它既以漢族的農業文化為主體，同時因為周圍有許多少數民族，游牧民族的許多風俗習慣亦被長期保存了下來。不僅如此，河西還是古代絲綢之路的必經通道，西來的文化是通過這一地區傳入中原的，走廊又是中西文化交流、匯合的所在。敦煌作為古代走廊西部的口岸，從文化角度來看，可以說它融合了農業民族、游牧民族、西來文化於一體。今日我們所稱的敦煌學，應稱之為中國古代西部文化的典型代表。

　　三

　　我們稱敦煌學為古代西部文化的典型代表，因為從敦煌學的內容來看，它完全反映了古代西部文化的特點。敦煌學的內容非常廣泛，以地名學，它應當包括敦煌古今社會的全部內容。但是，在習慣上，我們研究敦煌學，從時間上來說，指的是兩漢以後到宋元時期；從研

究對象來説，主要指的是敦煌石窟壁畫及莫高窟所發現的五萬餘卷遺書。因為壁畫與遺書涉及當時社會生活的各個方面，所以，事實上所謂敦煌學即是研究兩漢至宋元時期敦煌地區的歷史和文化，以壁畫和遺書為主要根據，研究這段歷史時期社會生活的全部內容。研究這些內容，給我們留下最深刻的印象則是它鮮明地反映了中國古代西部文化的特點。

從歷史文化角度考察，上面已經述及，敦煌自古以來就是西部各族活動的場所，烏孫、匈奴、羌、氐、盧水胡、柔然、突厥、吐谷渾、吐蕃、回鶻、党項、蒙古以及西域各族，都曾進入敦煌一帶。一直到元明時期，這裡的居民仍然過著耕牧並舉的生活。今日敦煌南邊的阿克塞哈薩克族自治縣和肅北蒙古族自治縣，在古代很大一部分都屬敦煌郡所管轄，這些市縣至今仍以畜牧業為主。所以，我們認為敦煌自古以來就是農業民族文化與游牧民族文化融合的熔爐應是毫無疑問的。

從敦煌石窟及遺書考察，西部文化的特點亦鮮明地表現了出來。

莫高窟是佛教的藝術寶庫。佛教源自印度，何時傳入中國，至今尚有爭論。然而，佛教在離亂的十六國時期廣為流傳，則已是大家所共識的了。按現在所知，莫高窟創建於十六國時期的前涼，到北魏時才得到了較大的發展，所謂「樂僔、法良發其宗，建平、東陽弘其跡」[4]，即説的是這個意思。前秦、北魏都是少數民族建立的國家。在中國佛教的發展史上，許多少數民族的君主就是狂熱的佛教信徒。前秦苻堅出兵平定西域，特地囑咐呂光在攻取龜茲以後就將高僧鳩摩羅

4　見《李君莫高窟佛龕碑》，錄文參鄭炳林《敦煌碑銘贊輯釋》，甘肅教育出版社 1992
　　年版，第九頁。

什「馳驛」送來長安。北魏道武帝為了要得到曇無讖這個和尚，不惜對北涼用兵。藉助於佛教「轉世輪迴」、「因果報應」的說教來維護其統治，這就是一些統治者開龕造像、造塔立寺的原因所在。莫高窟的開鑿與興旺，其本身就是中西文化交流的產物，也是中國古代西部各族共同創建的藝術寶庫。

正因為莫高窟本身是中西文化交流的產物，所以，在莫高窟這個藝術寶庫中，隨處都表現出中西文化交流的跡象。從建築方面來看，莫高窟早期洞窟主要有中心塔柱、四壁開龕及覆斗狀頂的洞窟。經許多學者研究，前兩種與印度的支提窟、精舍窟有緊密的關係，由西往東，進至今中國新疆地區，如克孜爾石窟即出現了這種形式。後一種覆斗狀洞窟則是中原傳來的，北魏以後的洞窟大多繼承了這一形式。至於早期洞窟中屋頂有人字披及椽子兩端有斗栱的承托，更是中原木結構建築的特徵了。以塑像而言，早期石窟中出現的額寬鼻高、頤部突出及髮髻作波狀或螺旋形，菩薩上身半裸等造型，明顯地具有胡人的形象。後來出現所謂的「秀骨清像」和雍容華貴的塑像，無疑是受到了中原藝術的影響。以壁畫而論，佛教壁畫創自印度，莫高窟早期的壁畫以說法圖和佛本生故事為多，經變比較少，這也反映出佛經剛翻譯過來不久，將之變為經變畫還需要一個過程。說法圖比較簡單，主要是釋迦及阿彌陀佛，從形象上沒有很大的區別。本生故事指的是釋迦前世行善的事蹟，畫面簡單、粗獷。這些故事，顯然都是外來的。故事畫中人物的形象，亦有許多頭戴胡帽、身著反領胡服的胡人。可是到了隋唐以後，說法圖減少了，巨幅的經變畫成了主體，畫家們竭力描繪西方佛國世界的極樂情景，這裡面的人物大多是漢人的形象，面相豐滿，華麗多姿，同中原的「穠麗豐肥之態」是完全一致的。這裡的建築，也多來自漢族的樓臺殿閣、庭院迴廊，顯然是按照

中原帝王宮闕畫出來的。至於從壁畫的內容來看，佛教來自西方，佛經故事當然產生於中亞、印度，沒有中原來的成分。但佛教從傳入之後即同中國土生土長的道教相互滲透。東漢時，黃老與浮圖、無為與尚佛都是並稱的。東晉時出現《老子化胡經》以及莫高窟早期壁畫中出現伏羲、女媧、東王公、西王母的形象，這應是兩種文化交流的產物。同樣，佛教從出家、背祖，到造出「父母報恩經」及莫高窟出現「報恩經變」，顯然是迎合了傳統儒家的忠孝思想。再從畫法來說，暈染法傳自印度，進入西域及河西之後，吸收了當地的營養，演變出了一面染、兩面染及規格化的圓圈疊染等富有民族特色的畫法。鐵線描亦來自中亞，與中原用毛筆作畫那種自由奔放的畫法顯然是分屬於不同的體系，但此畫法傳入中原之後就很快為中原畫家所吸收，許多研究者認為，顧愷之的《女史箴圖》就是吸收了這種畫法的傑作。後來出現的蘭葉描，實際是這兩種畫法結合的產物。

另外，在音樂、舞蹈、裝飾圖案等各個方面都反映出了中西文化交流的遺留，這裡不再一一贅述了。值得一提的，是莫高窟壁畫中的供養人的形象，從身分分類，既有封建社會中的達官貴人，也有僧侶、婦女，甚至於一般平民、下層的妓女、奴婢，可以說包括了社會的各個階層。如果我們從民族角度來分，供養人中當然有大量的漢人，然而我們在這裡也看到了古代西部各族信徒的畫像，如于闐人、鮮卑人、吐蕃人、回鶻人、党項人、蒙古人等等，莫高窟壁畫也可以說是西部各族活動的一部形象的歷史。

敦煌學另一重要的組成部分就是一九〇〇年於莫高窟發現的五萬多卷遺書。在這麼多的遺書中，最多的當然是佛經，要占總數百分之九十以上。佛教是西來的，翻譯佛經本身就是中西文化交流的表現。前後不同的譯本，更是研究佛教中國化進程的標記。

　　在敦煌遺書中，有關宗教的文書，除佛經之外，還有道教典籍、景教文獻、摩尼教經典。道教是中國土生土長的，而景教、摩尼教則是西來的，同佛教一樣，經過西域、河西，然後傳到關中、中原。

　　敦煌遺書中也保存了許多很有價值的史地資料，填補了中國古代西部歷史研究中的一些空白。最引人注目的為唐末五代時期有關歸義軍資料的發現，不僅糾正了正史上一些記載的錯誤，而且使我們了解到吐蕃占領敦煌後設立部落、實行突田制、徵收突課等狀況，了解到張議潮在沙州起義前後不斷與吐蕃、吐谷渾爭鬥的歷史。在遺書發現以前，正史中有關歸義軍政權的記載甚少，而從遺書中我們則可以基本理出歸義軍政權的世系，初步掌握歸義軍政權與吐蕃、嗢末、甘州回鶻、西州回鶻、党項的關係。河西走廊是歷史上農業民族與游牧民族共同棲息的地方，在這一時期也充分地反映了出來，莫高窟出現的大量吐蕃文書和回鶻文、于闐文文書，更是古代西部各族共同開發走廊的明證。在發現的遺書中，令人極感興趣的是有關文學部分的資料。其間不僅有許多中原著名的詩作傳到了敦煌，為當地人士廣為傳抄；而且，許多敦煌本地的作家面對現實寫出了很多的佳作，有謳歌歸義軍民族英雄的，有描寫淪陷於異族忍受痛苦的，有宣傳佛教勸人為善的，也有歌頌歷史人物的，內容極為豐富。據統計，敦煌遺書中的各種詩歌有三千首左右。邊城敦煌藏經洞中居然有這麼多的詩歌抄卷，說明隋唐時期中原詩歌的興盛也影響到這裡。特別要提到的是大家稱之為「變文」的這種文體所反映出來的古代西部文學的特色。變文是一種民間說唱文學，一般認為它是散韻結合、看圖說唱，用以宣揚佛教的一種文體。至今，對變文的來源還存在不同的見解，有的認為是外來的，有的認為源自中國的清商舊樂或賦體。但不管怎麼說，變文這種文體的出現，是西來的佛教在中原文化的影響下不斷中國化

過程中的一種表現。這種文體，由原來宣傳佛教進而用來敘述歷史故事、民間傳說及當時當地人物，說明這種文體是當時人民喜聞樂見的一種形式。從文化角度著眼，敦煌變文與中西文化都有血緣關係。

　　漢唐時的敦煌，是當時中原政權邊防的重地，也是當時中原政權通西域的口岸，中西文化在這裡交匯，游牧民族與農業民族在這裡雜居，這是一個具有鮮明的西部特色的城市。也因此，今日的敦煌學應是最具西部文化特色的結晶。

（原載《敦煌學輯刊》1994 年第一期）

漢代以來西域的社會狀態與中原王朝對西域的經營方略

　　古代的絲綢之路，以長安為起點，向西經渭河流域、河西走廊，出玉門關或陽關，即進入了古稱西域的地區。

　　西域之名，從字義上說，指的是中原政權所轄的西北部邊疆及更遠的地區。而在中國的史籍上，從西漢時起，這一名稱則是專指中原政權所轄的西北邊疆。《漢書》中即有《西域傳》，班固在傳中寫道：

　　西域以孝武時始通，本三十六國，其後稍分至五十餘，皆在匈奴之西，烏孫之南。南北有大山，中央有河。東西六千餘里，南北千餘里。東則接漢，阨以玉門、陽關，西則限以蔥嶺。

　　顯然，班固所指西域，大抵就是中國今日的新疆維吾爾自治區。我們研究古絲綢之路的法律文化，首先以這一範圍作研究對象，即通過對該區域漢代以來社會狀態的考察，探討中原王朝的經營方略，以期有助於我們今日在大西北的開發。

一

在探討這一論題及考察有關法律文化問題之先，有必要先對西域地區的自然環境作一考察。班固在《漢書‧西域傳》中說到，西域東面是玉門關、陽關，指的就是今敦煌市西北、西南的玉門關、陽關故址。西為蔥嶺，即今帕米爾高原。班固特別指出「南北有大山，中央有河」，我們以為，所謂南邊的大山，指的是崑崙山和喀喇崑崙山，即今新疆與西藏的界山。在漢代，亦稱之為南山。橫貫於今新疆中部的則是天山山脈，這就是《漢書》所指的北邊大山。天山山脈把今新疆維吾爾自治區劃分成南北兩部。南部，即天山與崑崙山、喀喇崑崙山之間的塔里木盆地。盆地中間是大沙漠，即塔克拉瑪干大沙漠。沙漠周圍則是一塊塊大小不等的綠洲。發源於帕米爾高原和崑崙山地的河流，匯成一條大河，即塔里木河，它沿著大沙漠的北緣，由西向東，滋潤著天山南麓的許多綠洲，如焉耆、庫爾勒、阿克蘇等地，最後注入羅布泊。天山南麓的吐魯番盆地，實際上也是塔里木盆地的組成部分。這裡主要靠天山的泉水、潛水進行灌溉，坎兒井就是這裡古代文明的重要表現。在大沙漠的南緣，有若羌河、車爾臣河、尼雅河、和田河、喀拉喀什河等內陸河，使靠近大沙漠南緣的若羌、且末、民豐、和田等城市得以生存、發展，大沙漠的南北兩緣，也就是兩漢以來通西域的南北兩條道路。

在天山山脈以北，天山與今新疆東北部的阿爾泰山山脈之間，又形成了一個三角盆地，這就是準噶爾盆地。該盆地也與塔里木盆地一樣，中間為大沙漠，即古爾班通古特沙漠。周圍也是一塊塊綠洲與草地。發源於阿爾泰山的額爾齊斯河由東向西，滋潤著盆地北部地區。發源於天山北麓的伊犁河，更使天山山麓的廣大地區成為土地肥沃、號稱「塞外江南」的區域。今伊塞克湖和巴爾喀什湖以東、以南地區，

長時期臣屬於中原王朝。魏晉以後，新開闢的新北道，就是沿著天山北麓西行的。

　　古代西域也同現在一樣，是一個氣候乾燥、降雨量很少的地方。水是這一地區人民生活的源泉。有水就有綠洲，有水就有生命。這個地區的水源，多來自境內的幾座大山，即上述的崑崙山、喀喇崑崙山、天山以及阿爾泰山，融化的雪水形成條條內陸河流，使流經所在形成一塊塊的綠洲草地，成為西域古代各族人民生產、生活的場所。這一自然的條件，使西域這塊亞洲腹地，在大沙漠、大戈壁的周圍，鑲嵌著一顆顆綠洲明珠。在古代交通極不便利的條件下，一塊綠洲就形成了一個獨立的小王國。它們之間雖然生活、生產很為相似，但都自成王國，互不役屬。如《漢書·西域傳》說：

　　西域以孝武時始通，本三十六國，其後稍分為五十餘，皆在匈奴之西，烏孫之南。

《後漢書·西域傳》說：

　　哀、平間，自相分割為五十五國。

　　魏晉間中原離亂，文獻記述較少，《晉書·四夷傳》中，西域僅記吐谷渾、焉耆、龜茲、康居、大秦六國。而苻堅命呂光出征西域，史稱其討平三十六國。《魏書·西域傳》則記有烏孫、疏勒等十六國前來貢獻，而傳中所記卻達六十餘國。《隋書·西域傳》載，「其君長者四十四國」。唐代的西域，《新唐書·西域傳》記有二十五國。《大唐西域記》則記更多，竟達一百五十多國。當然，許多史籍是把今中亞、南亞的國

家包括在內了。

西域這種獨特的自然條件，生成了一個個互不聯合、更不統一的綠洲王國，它們往往頂不住鄰近強國的進攻。當蒙古高原游牧民族強大之時，便不斷西進，把這些綠洲王國控制在手中，為自己提供農牧產品。秦漢時的匈奴，魏晉南北朝時期的柔然，隋唐兩代的突厥、回鶻與吐蕃，宋代的契丹、女真及蒙古等等均是。不僅如此，當中原王朝形成統一的、強有力的中央專制主義王朝時，為抗擊北方游牧民族的進擾，除正面與北方衝突之外，一般也把勢力伸入西域，以便夾擊游牧政權，如西漢武帝、東漢和帝、前秦苻堅、隋煬帝、唐太宗等都是如此。這也就是說，西域的一些綠洲王國，由於自然條件的限制，很難成為完全獨立的王國，不是受制於北方的游牧大國，就是依靠中原強大的封建王朝。一般說來，這兩大勢力中，由於中原王朝是一個定居的農業社會，生產比較穩定，對西域各國的需求較少，除了馬匹之外，大都是統治者所需的奢侈品，如珍禽異獸、玉石珍寶等等。當這些奢侈品進貢至中原時，中原統治者為表現其大國君主的風度，往往還有所回賜，給予絲綢織品、金屬器皿等等。這就是歷史上所謂的「朝貢貿易」。中原王朝將勢力伸入西域，最主要的目的是用以對抗北方的游牧大國，解除來自西北的威脅，主要點並不是為了要從西域各國徵取租稅，取得經濟方面的利益。如果僅從經濟角度著眼，中原王朝為保存西域，往往是得不償失。因為要在西域駐兵、屯田，就需要運輸裝備、糧食，耗費大量人力、財力。所以，西漢時就有人認為經營西域是「苦師勞眾，以略無用之地」[1]同樣，到了唐代，魏徵以為得高昌之後，駐軍防守，「遣辦衣資」，使隴右空虛，是一種「散有用而

1　桓寬：《鹽鐵論·結和》，上海古籍出版社 1992 年版，第 480 頁。

事無用」的事情。[2]難怪古代史籍中，許多人因只從經濟考慮，把經營西域稱之為營種「石田」，是件勞而無益的事情了。

相反，游牧大國進入西域，就與中原王朝不同了。游牧民族不穩定的經濟狀態，使得其統治者有更大的掠奪性，對農產品的需求，迫使他們對西域綠洲王國進行無窮的榨取。《漢書·西域傳》即說道：

西域諸國，大率土著，有城廓田畜，與匈奴、烏孫異俗，故皆役屬匈奴。匈奴西邊日逐王，置僮僕都尉使領西域，常居焉者、危須、尉犁間，賦稅諸國，取富給焉。

《後漢書·西域傳》也說：

匈奴斂稅重刻，諸國不堪命。建武中，皆遣使求內屬，願請都護。

西域各國受不了游牧民族統治者的搜刮，往往請求中原王朝加以保護。兩漢如是，魏晉以後亦如此。前秦苻堅時，車師前部王彌寘就請前秦出征西域，願為嚮導。隋煬帝西巡張掖，來朝者二十七國。唐太宗貞觀初年，焉耆、疏勒、龜茲、于闐及昭武九姓胡皆主動遣使來貢。所有這些，我們以為都是與西域這種具體的自然地理環境相連繫的。後來，西域各國又逐步內屬，成為中原王朝不可分割的一部分。

二

古代西域，很早就有人類活動。從近年考古發掘得知，新石器文化遺址在新疆各地多有發現，主要是以細石器為特徵的類型。其著名

2　《舊唐書》卷一九八《西戎傳》，中華書局 1975 年版，第 5296 頁。

的如吐魯番市的阿斯塔那、阿克蘇市的拉玉爾袞、疏附縣的阿克塔拉、木壘縣的四道溝、哈密市的五堡水庫、烏魯木齊市南山礦區魚兒溝、阿拉溝等等。所得遺物有箭頭、石刀、石矛、刮削器及灰褐色陶器等，證明新疆南部的一些綠洲，在先秦時期即已由狩獵、游牧經濟進入了以農業為主的社會。而新疆北部廣大地區，仍以畜牧業為主。[3]這些器物同青海、甘肅、寧夏、內蒙古等地的細石器遺址連成一片，說明在原始社會時期新疆即同內地有著一定的連繫。

先秦時期古西域地區的人類，根據一些學者的研究，在天山以北、阿爾泰山以西，一直至巴爾喀什湖以東以南地區，是塞種人。中國古代文獻，稱這些人為允姓之戎。他們本居於今甘肅敦煌一帶。後來，月氏強大，被逼西遷至伊犁河、楚河流域。到月氏為匈奴所破，部眾向西遷徙，又擊走塞王，占有塞王故地。到西元前一七七年左右，烏孫在匈奴的支持下，又西擊大月氏，迫使大月氏西遷至阿姆河流域，烏孫遂占有伊犁河流域及伊塞克湖周圍地區。至於塔里木盆地，則主要是定居在綠洲上的居民，即所謂城廓諸國的居民。一些學者認為，這就是古文獻所稱的三苗部落的後代。

先秦時期西域各國的社會狀況，文獻不足，無可論證。而至秦漢之後，古西域各族已進入階級社會則是史有記載的了。

上述塞種、大月氏、烏孫及城廓諸國，《史記》、《漢書》已有記述。《漢書・張騫傳》說：

> 月氏已為匈奴所破，西擊塞王，塞王南走遠徙，月氏居其地。

3　新疆社會科學院考古研究所編：《新疆考古三十年》，新疆人民出版社 1983 年版，第1-4 頁。

《漢書‧西域傳》說：

> 昔匈奴破大月氏，大月氏西君大夏，而塞王南君罽賓，塞種分散，往往為數國。自疏勒以西北，休循、捐毒之屬，皆故塞種也。

這裡兩處有「塞王」之稱，應是一個政權的標誌。《西域傳》還說到罽賓國過的是定居生活，「種五穀，蒲陶諸果，糞治園田，地下濕，生稻，冬食生菜。其民巧，雕文刻鏤，治宮室，織罽，刺文繡，好治食。有金銀銅錫以為器，市列」。宮室應是塞王居所，而生產只有發展到一定階段方能出現成列的市肆。這些都說明塞種這時已進入階級社會了。

大月氏西遷至阿姆河流域，據《史記》、《漢書》所載，月氏本行國，但至阿姆河以後，俗同安息、罽賓，已過上定居生活，並以銀為貨幣。史載，月氏時有戶十萬，口四十萬，勝兵十萬人，還役屬了五翎侯，應該也是進入了階級社會。

至於在今新疆境內的城廓諸國，也多以農業定居生活為主，只是兼有一定的畜牧業，只有樓蘭、若羌、溫宿（今新疆烏什）、尉頭（今阿合奇）主要從事畜牧業。在新疆發現的佉盧文簡牘中，見有「奴隸」、「諸奴隸」等詞，並有女奴值絹四十一匹的記錄[4]，證明秦漢時期這些城廓諸國已進入了奴隸占有制的階段。

秦漢時期，匈奴勢力進入西域。匈奴當時已是一個奴隸制的國家。正如上面所述，匈奴奴隸主「賦稅諸國」，貪求無厭，給西域各國

4　新疆社會科學院歷史研究所編著：《新疆簡史》第一冊，新疆人民出版社 1980 年版，第 23-24 頁。

造成沉重的負擔。匈奴控制西域，聯結羌胡，對在關中地區的秦漢政權造成嚴重的威脅。秦始皇統一六國，立即派兵北擊匈奴，取河南之地（今內蒙古河套伊克昭盟一帶），連接秦、趙、燕三國長城，並向東西伸展，於北面修起了萬里長城。然而，未等秦國向西擴展，秦的暴政激起了國內人民的反抗，秦王朝也迅速瓦解。及至西漢王朝初年，匈奴乘漢朝國力薄弱，西從隴西（今甘肅臨洮），東至上谷（今河北懷來）全線推進，使漢王朝邊境遭到極大的損失與破壞。劉邦雖親自率軍抗擊，但在平城（今山西大同）白登山被圍七日，大敗而回。此後，西漢政權不得不奉行和親政策，給匈奴奴隸主送去大量陪嫁物，企圖以此換取邊境的安寧。

　　和親只能暫時消弭邊境的兵災，而匈奴仍常常背約入侵。在這種情況下，漢武帝憑藉經過六七十年休養生息恢復了的國力，改變和親政策而行積極抗擊的方針。於是有收復河套河南之戰，取得河西走廊的河西之戰，以及直搗居胥山（在今蒙古烏蘭巴托東）的漠北之戰，逼匈奴退居漠北。同時，為加強北方防線，把烽燧亭障從令居（今甘肅永登）伸展到玉門，後又伸展至敦煌、鹽澤（今新疆羅布泊）。

　　為配合出擊匈奴，武帝在建元三年（前 138）又派張騫出使西域，企圖聯合被匈奴逼迫西遷的大月氏回歸河西故地，以便夾擊匈奴。但張騫第一次西行，在中途即為匈奴所獲，居留一年後西逃，到達大宛（今烏茲別克之費爾干納一帶）、康居（鹹海與巴爾喀什湖之間）及在阿姆河北面的大月氏、阿姆河南邊的大夏。大月氏安於所居，不願與匈奴為敵，張騫此行未得結果，經十三年回到長安。張騫此次西行，是中原王朝第一次派遣使臣到達西域，所以史稱「張騫鑿空」。到漢破匈奴，占有河西走廊，漢武帝於元鼎二年（前 115）再次令張騫出使西域，希望聯絡烏孫共擊匈奴，但烏孫懼匈奴強大，又不知漢王朝實

力，故只派使回報，未與西漢聯盟。後烏孫使者入漢，見漢「人眾富厚」，於是和親結盟，故有細君公主、解憂公主先後出嫁烏孫之事。但也就在這時，匈奴為控制西域，指使樓蘭（今羅布泊附近，後改名鄯善）、姑師（吐魯番盆地一帶）阻截漢使。從此，漢與匈奴展開了爭奪西域的鬥爭。西元前一〇八年，漢遣趙破奴率軍破樓蘭、姑師，打開了西進通道。西元前一〇四年，李廣利出兵攻大宛，立親漢的昧蔡為王，獻馬三百匹。漢之聲威，大震西域。各族首領紛紛遣子弟入質長安。西元前一〇一年，武帝於西域設立使者校尉，率領士卒於輪臺（今輪臺）、渠犁（今庫爾勒）屯田。

此後，匈奴與漢爭奪西域的鬥爭仍然非常激烈，李陵、李廣利曾兵敗降匈奴，而漢武帝也因多年用兵，國內勞擾，不得已罷輪臺屯田。所以，武帝死後，漢昭帝時匈奴又占領車師，進攻烏孫，並不斷發兵寇邊。到漢宣帝時，烏孫請求漢軍支援，漢分五路兵出擊，並派常惠持節護烏孫兵，從西邊夾擊。受匈奴奴役的各族亦紛紛起來反抗。於是匈奴遠遁。常惠在回軍途中又打敗了依靠匈奴的龜茲政權。此時，漢再派侍郎鄭吉、校尉司馬憙率兵至渠犁屯田，後又以鄭吉為護鄯善以西使者，護南道。至宣帝神爵二年（前 60），匈奴內訌。次年匈奴西部日逐王先賢撣降漢，被封為歸德侯。與此同時，漢任鄭吉為西域都護，駐烏壘城（今輪臺縣東北小野雲溝附近）。

西域都護的設立，大大加強了中原王朝與西域各國的關係。西域都護、副都護，由西漢中央任命，秩比二千石，相當於內地的郡太守。其下有丞、司馬、候、千人等。都護是西域的最高行政長官，遇有重大事件，中央派員與都護共同處理。都護之下，在樓蘭（今若羌縣東北米蘭城）設都尉，於車師設戊己校尉，進行屯田。甚至綠洲諸國，各有一套機構，有王、翎侯，有相、將、城長、監、吏、百長、

千長等名目。有些王國的大臣還接受漢王朝的印綬。據《漢書》所載，當時西域「佩漢印綬，凡三百七十六人」。

西漢對西域的經營，除上設都護、校尉，任命各國首領，在行政上進行管理之外，主要是駐兵屯田，保護西域的通道，削弱匈奴力量，確保西域的安全。

西漢王朝的經營措施，雖主要從政治、軍事目的出發，但是，這些措施對西域地區的經濟的開發、文化的發展也起了極其重要的作用。因為要駐軍，就必須派遣中原的士兵到西域，中原先進的農業、手工業技術也必然伴隨著戍卒傳至西域。要解決駐軍的糧食，於是有屯田，有農具的製造、水利工程的興修，至今輪臺、渠犁、庫車等縣南邊的草湖中，仍發現有許多屯田灌溉的渠道，其中一條長一百多公里，人們都把它叫做「漢人渠」[5]。在中原先進技術傳至西域的同時，西域的葡萄、苜蓿、名馬，以及音樂、舞蹈等等也傳到了中原。

西漢政權在西域設立都護之後，匈奴仍不罷休。當烏孫上層發生政變時，匈奴即希圖從中插手，與漢爭奪。只因跟隨解憂公主至烏孫的馮嫽從中調停，使烏孫重新親漢，方使局勢安定下來。匈奴在不斷衰弱的情況下，到西元前五十七年，國內又出現了所謂的「五單于爭立」的局面，其中呼韓邪單于戰敗後降漢，於宣帝甘露三年（前 51）入長安朝觀。漢讓他留居光祿塞（今內蒙古包頭市西南），並派軍守衛。塞北的郅支單于見無法南下，於是矛頭轉而向西，遷至伊犁河流域，侵陵烏孫、大宛，降服康居，以求再爭西域。但漢元帝建昭三年（前 36），漢以甘延壽為都護，陳湯為副校尉，發兵攻打郅支單于，郅支受傷而死。至此，匈奴對西域的威脅得以完全解除。漢元帝竟寧元

5　彭慧敏：《兩漢在西域屯田論述》，載《新疆大學學報》1985 年第一期。

年（前 33），呼韓邪單于再次入朝長安，元帝以王嬙賜予單于，漢匈關係進入了一個和平、團結的新階段。自此之後，西域數十年之內基本安定下來了。

西漢末年，王莽倒行逆施，復古改制，引起全國人民反抗。對匈奴，王莽改單于印璽，引起匈奴貴族不滿。在西域，王莽將城廓諸王均改為侯，也引起了諸國的反感。西元前十年，首先是車師後王降於匈奴，繼之是戊己校尉屬兵叛變，焉耆反叛，殺西域都護但欽。王莽遣五威將王駿、西域都護李崇進行討伐，焉耆詐降，姑墨、尉犁、危須（今新疆和碩縣東）反間，王駿被殺，李崇退保龜茲。此後，中原農民軍風起雲湧，王莽被殺，李崇亦歿於西域，中原王朝與西域的交往亦因之斷絕。

東漢經營西域，史稱「三絕三通」。兩漢之際，中原戰亂不斷，匈奴乘機進入西域。但是，「匈奴斂稅重刻，諸國不堪命」，東漢光武帝時，諸國「皆遣使求內屬，願請都護」[6]。而光武帝以天下初定，未暇西顧。此時，匈奴連年旱蝗，勢力削弱，西域莎車國逐漸強大，攻抎彌、西夜（今葉城南）、姑墨、子合、于闐、大宛等國，引起西域諸國不滿，後來諸國聯合匈奴共攻莎車，莎車被于闐攻滅。在莎車強大時，東面鄯善亦兼併了且末、小宛、戎盧等小國。吐魯番盆地的車師也兼併了郁立（在今奇臺縣南）、狐胡（在今吐魯番盆地西北部）、單桓（在今烏魯木齊市附近）等國。北匈奴雖因災衰弱，但仍想統有西域，進一步控制南道，迫脅諸國共同寇掠河西。在此情況下，東漢明帝乃聽從耿秉的建議，於永平十六年（73），分四路出擊匈奴。竇固、耿忠進至天山東部，打敗匈奴呼衍王，占有伊吾盧（今哈密），於其地

6　《後漢書》卷八八《西域傳》，中華書局 1965 年版，第 2909 頁。

設宜禾都尉，實行屯田。繼之，東漢又平定車師前後部；竇固軍假司馬班超至鄯善、于闐，劫殺匈奴使者，使兩國降漢；後班超又進至疏勒，殺其王，使疏勒臣屬於東漢政權。至永平十七年（74），漢又在西域設立都護，以陳睦為都護。另外以耿恭為戊校尉，屯金滿城（今吉木薩爾）；關寵為己校尉，屯柳中城。此為一絕一通。

東漢重新於西域設立都護，匈奴大為不滿。因此，匈奴一面派軍與車師分別圍攻金滿城與柳中城，另一面指使焉耆、龜茲統治者乘東漢明帝死、章帝新即位之時，殺死都護陳睦，章帝曾命酒泉太守段彭行軍西援，段軍於交河城大破車師，收復吐魯番盆地。但也就在這時，朝廷內部發生爭論，很多人以為經營西域，勞弊中國。章帝聽從這一建議，於是不復派遣都護，並且主動撤回在伊吾屯田的士卒。在執行放棄西域、撤回士卒詔令的過程中，班超時在疏勒，當地人深恐漢使離開，匈奴勢力重來。班超回至于闐，于闐吏民抱超馬腳挽留。班超於是還至疏勒，擊敗龜茲、尉頭聯兵，安定疏勒。建初三年（78），又率疏勒、康居、于闐、拘彌，合兵萬人破姑墨石城（今溫宿西），並上書章帝，力爭統一西域之重要。章帝接受班超建議，並派徐幹為假司馬率人援助班超，後又令和恭等率八百人受班超指揮，於是班超發兵平定了莎車、疏勒的叛亂，擊退大月氏的進攻，龜茲、姑墨、溫宿亦先後降漢。和帝永元三年（91），漢在西域重新建立都護，以班超為西域都護，居龜茲之它乾城（今庫車西南）。復置戊己校尉，領兵五百人，居高昌壁；置戊部候居車師後部戊部候城（今吉木薩爾）。次年，班超率龜茲、鄯善等國兵討焉耆，焉耆降，超斬焉耆王廣於陳睦故城，更立元孟為王。自此，西域五十餘國悉皆納貢內屬。此為二通。

班超任西域都護十多年，至西元一〇二年，因年老返回洛陽。繼

任者為任尚，西域各國反對。西元一〇六年，改派段禧為都護，以梁
懂為西域副校尉，並以河西羌族騎兵增援西域。其時，正值東漢和帝
崩，殤帝、安帝先後即位，朝廷多事，加之官吏貪暴，引起河西羌人
大規模起義。東漢遂下令撤回都護及伊吾、柳中的屯田戍卒。原來降
於東漢的匈奴部屬，也於此時擁逢侯為單于，乘機將勢力伸入西域，
收服諸國，並責令交納自永元年間以來的租稅，且不斷發兵寇邊。到
西元一一七年，逢侯為鮮卑所破，南下降漢，西域空虛，漢因是遣索
班出屯伊吾，招撫各國，車師前王及鄯善皆求內屬。但數月後，游牧
於蒲類海（今巴里坤）的匈奴餘部脅車師後部王擊走前部王，並襲殺
索班，據有北道。東漢朝廷又展開辯論，安帝聽從張璫、陳忠、班勇
的建議，於敦煌設副校尉以統西域。延光二年（123），又以班勇為西
域長史，出屯柳中。班勇至西域，招附鄯善、龜茲、姑墨、溫宿等
國，擊走匈奴，平定車師，焉耆來降，西域復通於漢。東漢又於舊址
設都護、戊己校尉、伊吾司馬等機構。此為三通。至順帝、桓帝以
後，東漢內部多事，與西域往來亦漸趨疏遠。

東漢經營西域，亦如西漢故事，主要是駐軍、屯田，督察西域各
國共同抗擊匈奴。如果說兩漢在駐軍上有什麼差別，即在東漢時設了
戊部候城，這是西漢沒有的。屯田方面，東漢設宜禾都尉於伊吾屯
田，也是西漢未曾設置的。一九五九年，於今民豐縣尼雅遺址曾發現
東漢時期的「司禾府印」的印範[7]，說明南道亦進行過屯田。至今拜城
東北喀拉達格山麓所留下的《劉平國作亭誦》，刻於東漢桓帝永壽四年
（158），文中提到了劉平國領人來此鑿岩作亭，並在此地之東修築了關

7　孟池：《從新疆歷史文物看漢代在西域的政治措施和經濟建設》，載《文物》1975 年
　　第七期。

城，用以維護交通，稽查行旅。[8]由此可知，一直到東漢後期，中原政令仍在西域通行。

三

由東漢末年的戰亂，至曹魏政權建立，西域形勢又有了較大的變化。最明顯的是塔里木盆地周圍的王國相互兼併，出現了幾個稍許大一些的國家。在南道，且末、小宛、精絕（今民豐北）、樓蘭等為鄯善所兼併，戎盧（今民豐南）、扜彌（今于田）、渠勒（今于闐南）、皮山（今皮山）為于闐所兼併。在北道，尉犁（今庫爾勒東北）、危須（今和碩一帶）、山國（今焉耆東南）等國為焉耆所兼併，姑墨、溫宿、尉頭（今烏魯木齊市西南）等國為龜茲所兼併，休循、捐毒（均在今喀什西）、莎車、西夜、蒲犁（均在今葉城附近）為疏勒所兼併。兩道之外，天山以北，準噶爾盆地南緣的東且彌（今烏魯木齊市附近）、西且彌（今烏魯木齊市西）、卑陸（今阜康境內）、單桓（今末泉境）等國為車師後部王所兼併。歷經兩漢的三五十個綠洲王國演變成幾個較大的國家。關於此，許多學者認為，這是各國社會經濟不斷發展、相互連繫加強的結果，但是各國經濟發展不平衡，出現了差別。發展快的國家，兼併了發展慢的國家。一些著作還指出，魏晉以後，西域逐漸開始了封建化的過程。從西域發現的佉盧文簡牌知道，當時鄯善、且末等地的奴隸制已日漸衰落，奴隸不僅已不能任意殺害，奴隸且有一定的財產，可向人借債和出外受僱於人。同時，也有一件簡牌說到，一耕種他人土地的勞動者，應向土地所有者交納若干乳油，似乎是一種租佃的關係。[9]且末、鄯善靠近敦煌，同內地連繫比較密切，受中原

8　孟池：《從新疆歷史文物看漢代在西域的政治措施和經濟建設》。

9　新疆社會科學院歷史研究所編著：《新疆簡史》第一冊，第68頁。

封建文化影響較大，《魏書・西域傳》即説，「賦役其人，比之郡縣」。
可見這一地區封建的生產關係到北魏時已同中原一樣的了。

　　作為北道的必經門戶高昌，西漢時是戊己校尉的駐地，也是中原
王朝駐軍及屯田的所在。到前涼張氏統治時，即於其地設置高昌郡，
封建的生產關係當然也隨著郡縣的設置而在這一地區確立。五涼及高
昌國時期的大量文書證明，吐魯番地區官府與私家都僱人而耕，有租
佃關係，如《北涼玄始十二年（423）翟定辭為僱人耕床事》、《高昌延
昌二十八年（588）趙顯曹夏田券》等等。[10]《北史・高昌傳》也説「彼
之甿庶，是漢晉遺黎」，「刑法、風俗、婚姻、喪葬與華夏小異而大
同」。至於北道的焉耆、龜茲，據《晉書》、《魏書》的《西域傳》説：
「婚姻同華夏，好貨利」，「賦稅准地徵租，無田則稅銀錢」。這些都可
説是西域地區各國封建化進程中的一些具體表現。

　　在西域各國封建化的漫長過程中，中原軍閥混戰，地方割據，似
乎給人一種印象，中原政權無力西顧，與西域之間的連繫減弱了。其
實兩邊關係不僅未減弱，應當説還是有所發展的。原因是：在中原出
現長期分裂割據之時，同樣在北方的蒙古高原也是處於分裂的局面，
匈奴沒有足夠的力量來役屬西域各國。匈奴自分成南、北兩部之後，
北匈奴幾經打擊，有的加入鮮卑，有的西遷，後來銷聲匿跡，不見於
中國史籍。南匈奴降漢之後，被安置在北邊諸郡，逐漸南移，與漢人
雜居。到三國時，分為五部，居於今內蒙古、山西一帶，由漢人任司
馬實行監督，已無力對抗中央政權。此後，漠北曾一度為鮮卑檀石槐
所據有，但不久即部屬分散，未形成強有力的游牧大國。這也就是
説，在中原、漠北，長時期都未形成強大的力量。也正是在這種情況

10　唐長孺主編：《吐魯番出土文書》第 1、2 冊，文物出版社 1981 年版，第 39、302 頁。

下對於西域各國來説，一方面是綠洲王國之間兼併加強了，出現了上述的鄯善、于闐、焉耆等較大的國家，而另一方面，則是一些小國為保持地區的力量平衡和穩定，往往主動地與相鄰的中原割據政權連繫，以求取得這些政權的支持。如三國時，西域許多國家都主動入貢於曹魏即是。據《流沙墜簡》一書所知，曹魏、西晉繼兩漢遺制，置西域長史於海頭（今羅布泊西），置戊己校尉於高昌，用以管理西域事務。及至前涼，張氏政權雖只占涼州一隅之地，向東發展受阻，轉而向西。在張駿時，即於高昌置郡，屬沙州，這是中原政權在古西域地區設郡的開始。張駿還曾遣大將楊宣穿越流沙，擊敗鄯善、龜茲等國，使之臣屬於前涼。至前秦滅前涼，苻堅又令呂光率七點五萬騎出征西域，戰敗焉耆、龜茲，西域王侯降者三十六國。於是，苻堅以呂光為西域校尉，駐龜茲，以車師前部王為西域都護，鎮高昌。前秦瓦解，後涼、西涼、北涼仍統有西域，在吐魯番發現的大量文書中，多有後涼、西涼、北涼的年號。北涼沮渠蒙遜統有河西走廊時，史稱：「西域三十六國皆詣蒙遜稱臣貢獻。」[11]

　　四百三十九年，北魏攻滅北涼，西域各國雖前來朝貢，但這時漠北柔然興起，控制了伊吾、焉耆、龜茲、姑墨等國，並攻滅北涼沮渠氏殘留在高昌的勢力，另立闞伯周為王，高昌亦臣屬於柔然。這一時期，北魏為與柔然爭奪西域，曾出兵西域，打敗焉耆，於其地置焉耆鎮，但柔然勢力仍統治著西域許多地方。至五世紀後期，漠北高車部落反叛，將勢力發展至西域，與柔然為敵，殺掉高昌王闞首歸（闞伯周兄），另立敦煌人張孟明為高昌王，控制了鄯善、高昌兩地。

11　湯球：《十六國春秋輯補》卷九六《北涼錄》，《叢書集成初編》本，商務印書館 1936 年版，第 665 頁。

　　在高車勢力進入西域的同時，西邊建都於藍氏城（今阿富汗瓦齊拉巴德）的嚈噠（歐洲人稱白匈奴，南朝稱滑國），也向東發展，並進入塔里木盆地，役屬了南道的渴槃陀（今新疆塔什庫爾干）、朱俱波（今葉城）、于闐（今和田）、疏勒和北道的姑墨、龜茲、焉耆等國，形成了嚈噠與高車在天山南北路進行爭奪的局面。不久，漠北的柔然乘高車西向爭奪時進入高昌，殺高車所立的張孟明，另立麴嘉為高昌王；居於今青海的吐谷渾，其時亦西進占據鄯善。高車政權在兩邊夾擊下瓦解，繼而形成柔然與嚈噠在西域對抗的形勢。

　　六世紀前期，柔然發生內亂，一度降於北魏。不久，北魏邊郡發生六鎮起義，繼之分裂成東魏、西魏，後又演變為北齊、北周，柔然再度統有長城以北之地。但也就在這時，西北部的突厥興起，擊敗柔然，統有漠北。嚈噠汗國在六世紀也為突厥和波斯聯軍所擊滅，其在西域的領地，逐步為突厥所兼吞。

　　突厥是活動於阿爾泰山南、高昌北的一個游牧部落，曾為柔然的「鍛奴」。到六世紀中葉以後，其首領土門兼併鐵勒諸部，打敗柔然，東服契丹，西擊嚈噠，在漠北建立了一個游牧大國。對於西域，在突厥汗國初建時期，由土門之弟室點密統治，建牙於龜茲北面的白山。突厥初建時是一個奴隸制的游牧帝國，大量掠奪漢族人口為奴隸，控制牧場，強迫奴隸在固定的牧地內進行無償的勞動。在西域，突厥在各國派置吐屯以監視其首領，併負責徵收賦稅、徵調兵馬和軍用物資。兩《唐書‧突厥傳》都記載，突厥對被征服各族「貪斂苛重」，「徵稅無度」。對於已經封建化了的西域諸國人民，實在是難以忍受，也因此，西域各國常常發生反抗鬥爭，如室點密子達頭可汗時，于闐等國即發生過暴動，後來鐵勒諸部亦不斷發生起義。

　　突厥汗國雖曾強大一時，但是，因為它是靠武力征服而建立起來

的，被征服的各族，沒有共同的語言、文化，更少經濟上的連繫，加上突厥汗位的繼承沒有固定的制度，所以汗國建立起來不久，內部就出現了裂痕。隋王朝建立之後，採用了長孫晟「遠交而近攻」、「離強而合弱」的策略，利用突厥統治集團內部的矛盾，很快地促使突厥汗國分成東、西兩個部分。東突厥統有漠北之地，西突厥則控制西域諸國。後來，東突厥內部爭立，戰敗的突利可汗南下降隋，被隋封為啟民可汗。隋築大利城（今內蒙古清水河縣）以居之，後又移至夏、勝兩州之間（今陝西靖邊縣及內蒙古準噶爾旗一帶）。不久，占有漠北的都藍可汗卻為部下所殺，部眾紛紛投依啟民可汗。西突厥內部原為兩大勢力，室點密子達頭可汗占有烏孫故地，在東突厥爭鬥中失敗的阿波可汗向西發展，投奔達頭可汗，占有阿爾泰山以西伊吾、龜茲及鐵勒部落。後阿波可汗為東突厥莫何可汗所擒，國人另立泥利可汗。東突厥政權經莫何可汗、都藍可汗以後瓦解，西突厥的達頭可汗曾一度進占漠北，並南下侵擾隋郡恆安（今山西大同境內）、五原等地。至西元六〇三年，突厥統治下的鐵勒諸部皆叛，並南降啟民可汗，達頭部眾潰散，達頭本人西奔吐谷渾，不知所終。泥利可汗這時亦為鐵勒部落擊敗而死，代之而立的為處羅可汗，駐牧於伊犁河流域。達頭之孫射匱可汗則占有西域的西南部。隋煬帝利用射匱可汗與處羅可汗之間的矛盾，讓射匱襲擊處羅，大敗之，處羅遁保高昌東之時羅漫山，後入降隋，西域則為射匱所控制。射匱建牙於龜茲北之三彌山，與隋和好。到射匱弟統葉護可汗時，西突厥向西發展，攻下波斯、罽賓，遷牙於石國北之千泉。

　　隋王朝建立之初，北邊突厥強盛，吐谷渾又崛起西部，無力經營西域。隋文帝楊堅統治時期，採用分化政策，促使東、西突厥分裂，東突厥大被削弱，啟民可汗降隋後，才開始著手經營西域。煬帝初

年，曾派遣侍御史韋節、司隸從事杜行滿出使西蕃諸國。據《隋書‧
西域傳》所載，兩人曾到過罽賓、史國，也即到過今中亞阿姆河流
域。後來，煬帝又命裴矩坐鎮張掖，招來西域各國入貢。到大業四年
（608），為打通西域道路，煬帝又命薛世雄進軍伊吾，並於其地建立新
城，以便行旅。繼設伊吾鎮，後改伊吾郡，在行政上同內地完全一
致。大業五年（609），隋為掃清通西域道路上的障礙，出兵攻擊在今
青海及新疆南部的吐谷渾，降其部眾十萬軍人，「祁連以南，雪山以
北」皆為隋有。隋於其地設鄯善、且末、西海、河源四郡。也就在這
一年，煬帝西巡張掖，西域二十七國皆來貢獻。大業七年（611），西
突厥處羅可汗內附，射匱可汗又與隋通好。至此，隋以和平方式使西
域各國內附。煬帝為了經營西域，還設置了西域校尉的官職。

　　在隋王朝經營西域的過程中，裴矩曾起過重要的作用。他所撰的
《西域圖記》，是中國古代最早全面記錄西域地理山川的一部著作。此
書今已佚失，只在《隋書‧裴矩傳》中保留該書序言，其中說通西域
有三道：

　　南道：出敦煌，經鄯善（今若羌）、于闐（今和田）、朱俱波（今
葉城南）、渴槃陀（今塔什庫爾干），過蔥嶺，經今阿富汗、巴基斯坦
境內而至印度各地。在中國境內，即沿塔克拉瑪干沙漠南緣而至帕米
爾高原。

　　中道：即漢時的北道。由敦煌至高昌，經焉耆、龜茲、疏勒，度
蔥嶺，再經費爾干納、烏拉提尤別等地而至波斯（今伊朗）。在中國境
內大致沿天山南麓而至蔥嶺。

　　北道：這是魏以後始通的路線，故又名新北道。北道出敦煌，至
伊吾、蒲類（今巴里坤）、鐵勒諸部（今薩斯克湖、阿拉湖至烏魯木齊
一帶）、突厥可汗庭（今新源西）、渡北流河水（今楚河）達於西海（今

地中海）。在中國境內大致是沿天山北麓西行。

　　三道出發點分別是鄯善、高昌、伊吾，而三點皆出敦煌，故裴矩說：「總湊敦煌，是其咽喉之地。」

　　在敘述了三條通西域之道後，裴矩又指出，西域朝貢不通，是由於吐谷渾、西突厥的阻撓。西域各國，「並因商人密送誠款，引領翹首，願為臣妾」。只要加以安撫，就可以達到「諸蕃既從，渾、厥可滅」的目的。煬帝就是根據裴矩的建議而西巡張掖，招來西域各國內屬的。可惜煬帝在基本解決西域問題以後，立即出兵攻擊高麗，且連年用兵，國內饑荒，終於激起了全國人民大起義，隋王朝也很快垮臺了。

四

　　隋末農民大起義爆發後，北方的東突厥又乘機發展。繼啟民可汗而立的是始畢可汗、頡利可汗，經二可汗東征西討，建立了「東自契丹、室韋，西盡吐谷渾、高昌諸國」的游牧帝國。隋末北方群雄，大都得拉攏東突厥來擴充自己的勢力。建立唐王朝的李淵、李世民父子亦曾稱臣於突厥，請求援助。至於西域，繼西突厥射匱可汗而立的統葉護可汗，亦乘機北並鐵勒，西破波斯，有控弦之士數十萬，成為西域的霸主。唐王朝建立之初，因東突厥連年侵擾北方諸郡，因而無力顧及西域。到唐太宗貞觀四年（630），東突厥內亂，又遭大風雪襲擊，唐乘機遣李靖、李勣深入大漠，生擒頡利可汗，平定了東突厥。與此同時，西域伊吾七城見東突厥敗滅，自動歸唐，唐於其地置伊州。貞觀六年（632），原來游牧於熱海（今伊塞克湖）的鐵勒別部首領契苾何力至沙州（今甘肅敦煌市）內附。貞觀九年（635），西突厥可汗子阿史那社爾與薛延陀爭戰失敗後降唐。這些事件，對於唐打通西域具有重要的意義。

　　唐王朝經營西域，應是從平定東突厥之後，對吐谷渾用兵開始的。原在隋煬帝時，吐谷渾為隋所滅，以其地置為郡縣。但到隋末農民大起義，吐谷渾王伏允乘機收回舊地，積蓄力量，又常為邊患，擾掠蘭、鄯、松、岷等州。到貞觀九年，唐即以李靖、侯君集等為將，率軍出擊吐谷渾。渾王伏允在強大的壓力下，奔逃入大磧自縊而死。國人立其子慕容順為可汗，臣屬於唐王朝。後國內又發生叛亂，慕容順被殺，立順少子諾曷鉢為可汗，唐以弘化公主下嫁諾曷鉢，仍為唐王朝附庸。這種關係一直維持到唐高宗時期，因吐蕃強大，吐谷渾被逼離開今青海一帶，走投涼州（今甘肅武威市），後來被唐安置於靈州（今寧夏靈武南）。

　　唐平定了吐谷渾，掃清了西進的障礙。貞觀十四年（640），唐命侯君集出兵西域，擊滅高昌，占有今吐魯番盆地，並繼前代的設置，於其地置西州，並於此設立了安西都護府，作為在西域的最高行政機構。在此之後，唐太宗命大將郭孝恪、阿史那社爾等率軍擊敗依附於西突厥的焉耆、龜茲和疏勒。于闐懾於唐軍的強大，亦降唐。故貞觀二十二年（648），唐又移安西都護府於龜茲（今庫車），下統于闐、疏勒、龜茲、碎葉四鎮。到唐太宗的晚年，西域各國都已基本臣屬於唐。

　　唐高宗繼位後，西域又發生叛亂。原來統率阿爾泰山到天山一帶的西突厥首領阿史那賀魯，勢力逐漸強大，向西拓地，建牙於雙河（今博爾塔拉境內），公開反唐。高宗不得不先後派遣大將梁建方、契苾何力、程知節等出征賀魯。直到高宗顯慶二年（657），蘇定方、阿史那彌射等率軍分南北二路夾擊，賀魯被俘，唐才重又統一了西域。

　　唐對西域的經營，比以前任何一代更為有效。唐以前，在西域設立州郡的只有高昌設郡時間比較長，隋設且末、鄯善、伊吾等時間都很短。到唐代，先於貞觀四年在今哈密一帶設立伊州，下屬納職、柔

遠、伊吾三縣。唐平高昌，又設西州，統高昌、交河、柳中、天山、蒲昌五縣。在設西州同時，又於今吉木薩爾設庭州，下屬金滿、輪臺、蒲類三縣。因賀魯叛亂，庭州曾一度廢止。平定賀魯之亂後，顯慶三年（658）又重行建置。此外，在羅布泊地區，有胡人康豔典修築的九城，屬沙州統轄。這樣，我們從今新疆維吾爾自治區的全境來看，其東部大致都已同中原各地一樣設置了郡縣。

至於今新疆的其他部分，按兩《唐書》所載，仍實行都護及都督制度。在天山以南，由西往東，於今焉耆設焉耆都督府，於今庫車設龜茲都督府，於今喀什設疏勒都督府，在今和田附近設毗沙都督府。在帕米爾高原設有鳥飛州都督府、悅般州都督府。在今中亞鳥孜別克斯坦的撒馬爾罕設有康居都督府，在塔什干設大宛都督府。在阿爾泰山之西，原東突厥噶羅祿部設有陰山、大漠、咽面、沙陀、鹽泊州、玄池州等都督府。

上面所列都督府，在天山以北的，唐代初期設有濛池、昆陵都護府，用以管理西突厥諸部。濛池、昆陵都護府，又歸安西都護所轄。到長安二年（702），武則天於庭州設置北庭都護府。這樣，唐代在今新疆東部，以天山為界，天山以北屬北庭，以南屬安西。而新疆西部及中亞地區，似乎就很難分開了。給人的印象是：碎葉河農業區似乎是屬安西都護府，巴爾喀什湖東部、南部的游牧區屬北庭都護府。到唐代中期，唐玄宗實行節度使制度，西域有安西四鎮節度使和伊西北庭節度使。都護、節度使都是唐在西域的行政管理機構，同時也是軍事的指揮機構。據《新唐書·地理志》載，西域地區，唐王朝有很多駐軍，伊州駐有伊吾軍，西州駐有天山軍，庭州駐有瀚海軍，庭州西七百里（今瑪納斯境內）駐有清海軍，輪臺（今米泉境內）駐有靜塞軍，碎葉城（今托克馬克）駐有保大軍。軍之下，各地軍事單位還有

守捉、烽、戍等。著名的守捉如伊州至西州間的羅護守捉、赤亭守捉，今烏蘇有黑水守捉，向西有東林守捉、西林守捉，在帕米爾高原有蔥嶺守捉，在今策勒縣北境有坎城守捉等。

都督府是軍事的建置，在都督府之下還設有許多羈縻州。《新唐書‧地理志》說：

自太宗平突厥，西北諸蕃及蠻夷稍稍內屬，即其部落列置州縣。其大者為都督府，以其首領為都督、刺史，皆得世襲。雖貢賦版籍，多不上戶部，然聲教所暨，皆邊州都督、都護所領，著於令式。

《舊唐書‧地理志》說，北庭有十六蕃州寄於界內，安西境內，于闐以西，波斯以東，有十六國，皆置都督府，「督州八十，縣一百一十」。這些羈縻州雖然皆由本部首領兼任都督、刺史，但皆受唐王朝調遣節制，並有義務向朝廷進貢。

唐在西域設置機構，當然主要是推行政令，今新疆東部，如西州、庭州、伊州，則完全同中原一樣，登記戶籍，推行均田制，設置折衝推行府兵制。在《吐魯番出土文書》中，即收錄有在西州推行均田制、府兵制的文書遺留，如一些戶口籍帳殘卷、手實、給田牒、差科簿等等，說明西州一帶也同中原一樣，允許成年男丁占有一定土地，然後徵其租役；又如唐軍府名籍、軍團牒、點籍樣、上番文書等等，證明吐魯番也設有軍府，按中央規定徵點府兵。這也就是說，唐王朝所頒布的如土地、財產、兵役、債務等各種律令，在這些地區都得以貫徹。

唐為經營西域，在設州、駐軍之外，還同前代一樣，進行屯田。據《唐六典》統計，當時安西有二十屯，疏勒七屯，焉耆七屯，北庭

二十屯，伊吾、天山各一屯，共為五十六屯。唐代規定，一屯為五十頃，按此計算，唐在西域應有屯田二千八百頃。至今，巴裡坤、焉耆、庫車等地，還保留有唐代屯田時所修水渠的遺跡。

為保有西域，唐代在西域還設置館、驛，發展交通。按唐制，三十里置一驛，而西北地區遼闊，實際上也有六七十里或更多置一驛的，如天山館、礌石館、銀山館之間，據《新唐書・地理志》「西州交河郡」條所記，應有二百二十里，其中只有三館。見於史籍及西域出土文書的，除上三館以外，還有呂光館、新城館、龍泉館、酸棗館、狼泉驛、達匪驛、草堆驛等等。這些驛館除了供應往來使臣、官吏之外，一些商人、僧侶亦往往住宿於驛館附近，便利了中西雙方的經濟、文化交往。

古代陸路交通，牛、馬、驢是最重要的交通工具。唐代驛館都備有馬匹、以便公文傳遞，多的有七八十匹，少的亦有十來匹。據發現文書得知，除驛館馬匹外，各州還普遍設有車場，以供官府需要，如《開元二十一年（733）天山縣車場坊請印狀》等文書，便說明車場中養有數量眾多的牲口，生死增減都得申報官府。文書中還見到有「長行坊」的機構，似乎專供官府長途運輸之用。

唐王朝這些措施，如設州駐軍、屯田開墾、興修水利、整治交通，對於西域的開發與發展起了極其重要的推動作用。

唐王朝經營西域，亦曾有過較大的反覆，這主要是吐蕃的強大，安史之亂後吐蕃將勢力侵入西域，與當地的西突厥勢力相勾結，共同對抗唐王朝。

吐蕃是藏族的祖先。松贊干布統一西藏後勢力逐漸強大，唐太宗曾以文成公主出嫁松贊干布，唐蕃間建立了密切的關係。但到高宗時期，吐蕃向東發展受阻，因而轉向西部擴張，勾結西突厥殘部，進攻

安西四鎮。高宗龍朔三年（663），西突厥弓月部勾結吐蕃進攻疏勒。咸亨元年（670），吐蕃攻取西域十八州，攻陷撥換城（今阿克蘇），迫使唐罷去安西四鎮。高宗調露元年（679），裴行儉平定西突厥的叛亂勢力，重新建立安西四鎮。武則天執政時，國內發生徐敬業叛亂，功臣、宿將多被誅死，東突厥又一度復興，侵擾北部邊境，吐蕃亦再次攻占焉耆，迫使唐王朝於垂拱二年（686）主動撤離四鎮，直到長壽元年（692）武則天命王孝傑出征，再度收復四鎮，並由中原派三萬漢兵前去鎮守，以加強對西域的控制。至唐玄宗開元年間，東突厥汗室後裔的勢力一度由漠北擴展到阿爾泰山以西，西邊伊犁河流域的突騎施亦曾一度強大，向東擴展，兩勢力相勾結，不斷進攻撥換城、大古城（今烏什），進而攻打安西都護府所在地龜茲。但都為唐軍所擊退。開元末年，西邊大食興起，不斷蠶食中亞各國。唐安西四鎮節度使高仙芝於天寶十載（751）兵敗怛邏斯，中亞地區遂落入大食之手。不久，唐國內發生安史之亂，繼之又是藩鎮割據，大大削弱了唐對西域的控制。此後，回鶻興起於蒙古高原，也將勢力擴展至西域。北疆地區，先有西突厥別部突騎施興起，後又有另一部葛邏祿游牧於北庭一帶。吐蕃則在占有隴右、河西之後，將勢力伸入南疆。原來唐王朝在西域所設的安西都護府為吐蕃攻陷，北庭都護府為回鶻占有，結果形成了吐蕃、回鶻之間的反覆爭奪。到九世紀中葉，漠北的回鶻大汗國為點戛斯攻滅，回鶻餘部分三支西遷，一遷河西走廊，即唐末、五代時期的甘州回鶻；一遷蔥嶺以西，後來建立了強大的喀喇王朝；最重要的一支則遷至西州，以吐魯番盆地為中心，向西發展至龜茲（今庫車），北面越過天山，直至沙漠，向南達至于闐。這就是建立高昌王國的西州回鶻。而吐蕃則在唐末因內部封建割據，勢力大削，伊州、西州及北庭的吐蕃駐軍為唐歸義軍節度使張議潮和回鶻首領僕固俊擊敗，吐

蕃在南疆的統治徹底崩潰，回鶻遂逐步為今新疆地區的主人。

五

由漢唐以來西域和中原王朝對西域的經營，我們可以得到如下幾點認識：

（一）古代的西域，由於自然條件的限制，很難形成一個強大的、統一的大國。正因如此，當蒙古高原上出現強大的游牧帝國時，古西域各國往往為該游牧大國所征服，而游牧族貴族的掠奪和貪婪，又給西域人民帶來了沉重的苦難。為反抗壓迫、西域各政權又往往主動與中原王朝交結，向中原王朝納貢，以求支持。

（二）中原王朝為對抗北方游牧民族侵擾，除了在北邊加強防衛之外，也希將勢力擴展至西域，聯絡西域各族力量，夾擊北方游牧民族，用以減弱對中原的壓力。漢唐等王朝經營西域主要都是出於政治、軍事的目的。絲綢之路的開拓對中西經濟、文化的交流有很大的作用，但並不是因經濟的目的而開拓的。

（三）由於游牧經濟不穩定，漠北大國對西域農業區橫徵暴斂，所以西域各族人民多願意加強同中原王朝的連繫，主動請求中原王朝出兵西域，或者願做嚮導，密切合作，共同趕走游牧貴族。中原王朝之所以受西域各族的歡迎，主要是中原的統治者並不是要在西域收取租稅。從經濟上來說，中原王朝在西域駐軍屯田，往往是花費極大，得不償失。西域各族向中原王朝進貢，中原王朝又大都給予「回賜」，因此，歷史上稱之為「朝貢貿易」。自漢至唐，西域與中原王朝不斷加強連繫，以至發展到今日，新疆各族人民成為中國多民族國家的成員，古西域成為中國領土不可分割的一部分，是歷史發展的必然結果。

（四）中原王朝對西域的各種經營措施，如駐軍、屯田、設驛、修渠、築城，以及將中原先進的生產技術傳入西域，對於西域的開發起

了很大的促進作用。西域名馬、動植物新品種以及音樂、舞蹈、宗教等傳入中原，也大大地豐富了漢族人民的物產和文化內容。因而，古絲綢之路可說是漢代以來中原王朝與西域各族人民文化交流的大通道。

　　總之，漢代以來中原王朝對西域的經營，不僅促進了中原人民同西域各族人民的文化交往，推動了西域的政治、經濟發展，也為我們今天開發大西北，進而加強與中亞、歐洲各國人民的經濟、文化交往提供了有益的參考。

（原載陶廣峰主編《文明的腳步——絲綢之路繁榮與法律文化研究》，蘭州大學出版社 2000 年版）

絲路古道上的法律文化資料簡介

　　絲路古道是漢唐通西域的大動脈。漢唐時期中原政權的政治中心在今日關中地區的西安，在中國境內，通西域的古絲路主要是經過中國西部地區，即今甘肅、青海、新疆等省區。因此，我們介紹古絲路上的法律文化，主要也是以這一地域內各族所建立的政權為重點。

　　所謂法律文化，不單是一個政權的立法、司法狀況。人類社會生活的各個領域都涉及各種制度與規範，都可以說同法律有關的。所以，我們不僅要介紹各族政權的立法、司法制度，同時也涉及社會生活各個領域中與律法相關的一些事情。

　　一

　　絲路的暢通、繁榮是漢武帝派張騫出使以後才有的，因此，我們闡述絲路上各族的法律文化資料，也從漢武帝統治時期的前後開始。

　　西漢王朝的西部，主要是匈奴、羌人和西域各國。

　　匈奴是西元前三世紀興起於大漠南北的一個民族。當它興起時，正是戰國末期和秦及漢初。戰國北方各國修築長城，秦始皇統一六國後將各國長城連接起來，都是為了抗擊匈奴的侵襲。在漢武帝發動全

部抗擊匈奴戰爭以前，匈奴不僅統有大漠南北，而且，今甘肅河西走廊也在其統治之下。西域各國雖各自稱王，但皆為匈奴所役屬。匈奴於西域設僮僕都尉，榨取西域城廓諸國的賦稅。所以，要介紹絲路上各族的法律文化，首先得介紹匈奴的立法、司法狀況。

匈奴是一個「逐水草遷徙，毋城郭常處耕田之業」的游牧民族。[1]西元前三世紀初即建立起了奴隸制的政權。這個政權「各有分地」，以世襲的單于為最高統治者，將其領地分成三個大部分，中部是單于庭，東部為左賢王庭，西部為右賢王庭。他們各自在轄區組織軍隊，實行統治。所有壯丁被編為騎兵，氏族首領則被任命為什長、百長、千長。顯貴的家庭則壟斷了萬騎長或王、侯等高官。這些官職也是世襲的。通過這樣的組織，迫使騎兵去進行戰爭與掠奪。《史記·匈奴列傳》說，匈奴「士力能彎弓，盡為甲騎。其俗，寬則隨畜，因射獵禽獸為生業，急則人習戰攻以侵伐，其天性也」。又說：「其攻戰，斬首虜賜一卮酒，而所得鹵獲因以予之，得人以為奴婢。故其戰，人人自為趣利，善為誘兵以冒敵。」戰爭所得，各歸己有；所獲戰俘，成為牧奴或耕奴，可以轉讓、買賣，甚至於當作祭禮的犧牲品。據太史公所記：「其送死，有棺木郭金銀衣裘，而無封樹喪服；近幸臣妾從死者，多至數十百人。」牧奴、耕奴、人殉的存在，是匈奴奴隸制的明證。

匈奴雖然在漢代時已進入階級社會，但並無以文字記錄的法規。《史記·匈奴列傳》中說：「毋文書，以言語為約束。」「其法，拔刃尺者死，坐盜者沒入其家；有罪小者軋，大者死。獄久者不過十日，一國之囚不過數人。」因為沒有成文的律法，所以只能以統治者的口頭命令為準則。民間糾紛，似乎是一種習慣法，拔刀傷人過一尺者處死；

1　《史記》卷一一〇《匈奴列傳》，第2879頁。

盜竊財物者，沒收其家產；犯小罪的用車輾壓骨節，重罪則處死。雖有監獄，關押人數甚少。

　　匈奴的繼承法同中原也不一樣。秦漢時期，嫡長子繼承制早已經確立，而匈奴的單于和各級首領雖是世襲的，但不是嫡長子繼承制，是兄終弟及，父死子繼。與此相連繫的，在婚姻上，「父死，妻其後母；兄弟死，皆取其妻妻之」。研究者稱這種婚姻制度為「收繼婚」，是社會發展到父系家長制時期由對偶婚向一夫一妻制過渡的一種中間形態。秦漢時期，中原政權已有尊老養老的各種規定，而匈奴則是「壯者食肥美，老者食其餘」，「貴壯健，賤老弱」。對於這一點，中行說認為，「匈奴明以攻戰為事，其老弱不能鬥，故以其肥美飲食壯健者，蓋以自為守衛，如此父子各得久相保」。匈奴的貴壯賤老，應是同其生產、生活方式相關的。當時匈奴生產落後，游牧經濟又極不穩定，狩獵、攻戰、放牧是匈奴人的全部生活內容。所謂「士力能彎弓，盡為甲騎」，說明匈奴是一個生產組織與軍事組織相結合的社會。一個人的社會價值，是以他在戰鬥與勞動中的作用來衡量的。壯能攻戰，老不能鬥，所以出現貴壯賤老的習俗。在中國歷史文獻記載中，羌人、突厥皆有此風。

　　至於匈奴的賦稅，《史記·匈奴列傳》說：「歲正月，諸長小會單于庭，祠。五月，大會龍城，祭其先、天地、鬼神。秋，馬肥，大會蹛林，課校人畜計。」春、夏是祭天敬神，最重要的是秋天馬畜肥時的集會，在蹛林召集各部落首長會議，稽查一年來戶口、牧畜的增減，以便確定軍隊的數量和徵收一定的賦稅。租稅按多少徵收，史無明載。匈奴沒有文字，更無文書，所謂「課校人畜計」，也應是口頭的命令。直至漢文帝時中行說入匈奴，「教單于左右疏記，以計識其人眾畜牧」，似乎對原先簡單的稅收加以改進，比較精密地進行計算和登記，

然後據以定出徵稅的數額。

從上可以看出，匈奴當時雖已進入階級社會，首領世襲，向牧民徵收賦稅，還有軍隊、監獄等，但其律法是非常簡單的，既沒有成文的法規，也沒有各種殘酷的刑罰，很大程度上是氏族公社遺留下來的習慣法。就是到了東漢，《後漢書・南匈奴傳》也說，當時雖有呼衍氏大姓等「主斷獄聽訟，當決輕重，口白單于，無文書簿領焉」。兩漢時期的匈奴，就是以這樣的口頭法令和習慣法規統治著大漠南北和絲路上的許多小國。

兩漢時的西域，有許多綠洲王國，大多以農耕為業，但也有少數以游牧業為主。據《漢書・西域傳》的記述和近代考古所得，在崑崙山、喀喇崑崙山北麓的且末（今新疆且末）、精絕（今民豐縣）、于彌（今策勒縣）、于闐（今和田縣）、皮山（今皮山縣），帕米爾高原東麓的疏勒（今喀什）、莎車（今莎車縣），天山南麓的姑墨（今阿克蘇）、龜茲（今庫車）、烏壘（今輪臺縣東之策達雅）、焉耆（今焉耆）、車師（今吐魯番）及天山北麓的蒲類（今巴里坤）等，都是以農業為主。在羅布泊附近的樓蘭（後改名鄯善），阿爾金山、崑崙山、喀喇崑崙山區的西夜、子合（今葉城境內）及帕米爾高原南北的蒲犁（今塔什庫爾干）、休屠、捐毒（在今吉爾吉斯共和國境內），天山西部的溫宿（今烏什）、尉頭（今阿合奇縣）等國則主要從事畜牧業。

西域諸國在兩漢時代，據一些研究者的意見，都已進入了奴隸制社會。《漢書・西域傳》主要記述了西域都護府所屬的各國，從中我們得以知道，當時各國有「譯長、城長、君、監、吏、大祿、百長、千長、都尉、且渠、當戶、將、相至侯、王」的名號。顯然，其中許多是中原王朝封授的，但如「大祿」、「且渠」、「當戶」等，應是西域一些國家原有的官名。在《漢書・西域傳》中，還記載了一些國家的政

治、經濟情況，如談到大宛國時說，其國有王、副王、輔王，而且「左右以蒲陶為酒，富人藏酒至萬餘石，久者至數十歲不敗」。說到烏孫時，說其國有王、相、大祿等，而且「國多馬，富人至四五千匹」。烏孫的婚姻風俗亦是實行收繼婚。細君公主初嫁為烏孫昆莫右夫人，至昆莫老，使其孫軍須靡復尚公主。細君死，漢以解憂公主妻之。軍須靡死，其叔子翁歸靡為主，解憂又為翁歸靡妻。這些資料說明，西域地區諸國已有貧富分化，已進入了階級社會。

另外，不屬於西域都護統轄的一些國家，如在今克什米爾的罽賓國、烏戈山離國，在今阿富汗、伊朗的大月氏、安息，班固也曾有記述，說這些國「治宮室」、「市列」，以銀為錢，「文獨為王面，幕為夫人面。王死輒更鑄錢」。安息還有文字，「書革，旁行為書記」。這些都表明西漢時代絲路上的各國在經濟上雖不如中原那樣發達，但已進入階級社會則是沒有疑問的。只不過文獻記載甚少，我們對這些國家的組織、律法概況，難以全面地了解。在近代考古的發現中，新疆出土的佉盧文簡牘有買賣女奴的契約，是奉官吏之命寫成的，更直接證明了這一點。[2]

到漢武帝打擊匈奴，將勢力伸入西域，中原的封建制度隨之也逐漸帶進了這個地區。漢於西域設立都護，羈縻各國，上述各國王、侯的名號，都是漢王朝封授的。西域許多小國這時也多遣「質子」至長安，學習漢王朝的文化，也有與漢王朝互為婚姻的，如羅布泊附近的樓蘭（後改名為鄯善），兩次以王子入質於漢。降漢的尉屠耆為王時，漢賜以宮女為夫人，備車騎輜重以送之。另外，康居、大宛亦曾「遣子入侍」。漢以細君、解憂兩公主嫁給烏孫昆莫。值得我們注意的是，

2　新疆社會科學院歷史研究所編著：《新疆簡史》第一冊，第24頁。

《漢書・西域傳》在述及龜茲時曾記載了這樣一則事例，烏孫公主遣女兒來長安學習鼓琴，路過龜茲，為龜茲王所愛，立為夫人，夫婦共同入朝長安，皆賜印綬。返國後，他倆「樂漢衣服制度，歸其國，治宮室，作徼道周衛，出入傳呼，撞鐘鼓，如漢家儀」。盡力模仿漢朝禮儀，因是之故，被一些鄰國譏為：「驢非驢，馬非馬，若龜茲王，所謂騾也。」《後漢書・西域傳》中也記載了西漢末年莎車王延「元帝時，嘗為侍子，長於京師，慕樂中國，亦復參其典法」。說明莎車國的律法中亦參有漢代的典章制度。

西漢於西域建立都護府之後，在兩漢時期，中原王朝除了要諸國派遣質子以外，還在西域地區駐兵、屯田，直接以中原王朝的規章制度進行管理，正如范曄說的，「設戊己之官，分任其事；建都護之帥，總領其權」，繼之是「立屯田於膏腴之野，列郵置於要害之路。馳命走驛，不絕於時月，商胡販客，日款於塞下」。[3]這不能不對於西域各國的立法、司法有所影響。至魏晉時期，這塊古稱西域的東部地區，也即是兩漢屯田、駐兵的地方，如高昌、伊吾相繼被中原政權置為郡縣，應是這種影響的必然後果。

在西漢時期，於古絲路上活動的不僅有匈奴、西域諸國，還有被稱為「西戎牧羊人」的羌族。關於羌人，《漢書》記載甚少，《後漢書》有《西羌傳》，但多是有關羌人部落及漢羌關係的記述。羌族最早活動於河曲（今青海東南部黃河曲流處）一帶，後來不斷內遷，分布於陝、甘、青三省的許多地區，各有部落，不相統一，最大的一支是居住於河曲一帶的先零羌、燒當羌、煎當羌，還有從湟水流域移居今甘肅臨夏的罕千羌，移到甘肅臨洮、武都等地的勒姐羌，移到岷縣的鐘存

3　《後漢書》卷八八《西域傳》，第2931頁。

羌等等。秦漢時期，中原的統治者不斷在西部地區實行戍邊、謫戍、屯田等政策，移來中原的許多漢民，因此，不論在青海的河湟地區，或今甘肅的甘南、隴南地區，都是漢羌兩族人民雜居在一起的。

羌人本以畜牧為主，後來不斷與中原漢民接觸，開始農耕。東漢時，因邊地官吏的欺壓和掠奪，曾激起了五次較大規模的起義，影響了古絲路的暢通。

至於羌人的政治組織及社會生活狀況，《後漢書》卷八七《西羌傳》記得非常簡略，其中說道：「其俗氏族無定，或以父名母姓為種號。十二世後，相與婚姻，父沒則妻後母，兄亡則納釐嫂，故國無鰥寡，種類繁熾。不立君臣，無相長一，強則分種為豪酋，弱則為人附落，更相抄暴，以力為雄。殺人償死，無它禁令。……以戰死為吉利，病終為不祥。」這段記載告訴我們這樣一些事實：一、羌人部落的名稱多以祖先的名字命名的。無君臣，不相統一，強者為酋，弱者附落，似乎還未形成國家政權，仍處於原始社會氏族公社的時期。二、婚姻狀況，是實行必須在另一個氏族內聚屯的外婚制，同時，同匈奴一樣，有妻後母、納釐嫂的風俗，也是氏族公社父系家長制時期的產物。三、「殺人償死，無它禁令」，說明羌人當時還沒有成文的法典。這種簡單的規定，應是氏族公社的習慣法。根據《後漢書》的一些記述，羌人這時已知道製作鐵器，如弓箭、刀、劍之類兵器。居住則有的住廬帳，有的住土屋。他們披髮左衽，好飲酒，尚雄武，以戰死為吉，病死為恥。還有兩個特殊的風俗，即相信巫術、人死火葬。一直至魏晉以後，因為與漢人長期接觸，羌人才迅速地進入了階級社會。

兩漢時期，在絲路的咽喉河西走廊地區，自漢武帝設立四郡之後，就完全同中原的郡縣一樣，推行中原政權的政令。在今敦煌、武威和古稱居延的額濟納旗，都曾發現了大量的漢簡，涉及了屯田、邊

防、烽燧、養老、撫卹、俸秩、貲算、上計等各種制度。特別要提到的是東漢光武帝建武三年（27）《侯粟君所責寇恩事》的簡冊，共三十六枚，是一份完整的訴訟檔案，記載了客民寇恩因甲渠粟君無理扣押他的車器，抵賴他為粟君代買米肉的錢，因而向上告發。粟君致書居延縣，反誣寇恩賣掉了他借給寇恩的牛。居延縣於是致書寇恩所在的鄉進行調查，幾經反覆，鄉嗇夫堅認寇恩並未欠粟君的錢。簡冊的發現，使我們更清楚地了解到河西在漢統治下的訴訟程序及訴辭的格式。

二

魏晉以後，中原進入了長期分裂割據的時代，在古絲路上，亦呈現出了極其錯綜複雜的局面。自東漢末年開始，西北各族大量內遷。原來占有大漠南北的匈奴游牧帝國瓦解了，北匈奴西遷，其中一部分留在西域，與當地土著人民生活在一起；南匈奴幾經分合，南下投降了曹操，散居於今山西及陝北、河套地區。原在今東北一帶游牧的鮮卑族，這時因大漠空虛，逐漸西遷，與留在大漠的匈奴部落逐漸融合。同時，他們還一批批沿著匈奴西遷的道路西進，在古絲路上，他們亦逐步成了重要的角色。本來居住於西部的氐、羌兩族，除了留居於河曲及甘南、川北以外，還大量地被遷入內地，分布於廣大的北中國地區。匈奴、鮮卑、氐、羌這些民族後來都曾建立了政權，在絲路上演出了一幕幕雄武的活劇。

至於西域諸國，自西漢建立了西域都護府以後，即從屬於中原政權。魏晉中原分裂割據，這一地區就同近鄰的一些割據政權發生了較為密切的連繫。而靠近西域地區的一些政權，也不斷向西伸展，從鄯善各國，進而在西域地區設立州郡，將漢族的典章制度逐步推行到西域。

下面，我們分別介紹這段時期絲路上各國的法制情況。

　　先講長安以西到河西走廊這一塊地區的狀況。自東漢末年黃巾起義之後，長安以西的西部地區曾接連爆發過多次羌胡人民的起義鬥爭，北宮伯玉、韓遂、馬騰等一度還曾打到關中地區，後來退回涼州，據有關隴、金城一帶。河西走廊為一些地方刺史所割據，他們之間也相互兼併，戰事不斷。到曹操赤壁戰敗，南北統一受到阻撓，於是回頭向西擴展，擊潰隴右的韓遂、馬超，討平了割據枹罕（今甘肅臨夏）的宋建，因而進一步用兵河西，平定張掖張進、酒泉黃華、西平（今青海西寧）麴演的叛亂，中原政權的政令即行之於整個走廊。這種情況，一直延續到西晉時期。

　　西域各國，在東漢末年以後也發生了一些變化，即一些城廓小國為周圍稍大的王國兼併，原東漢的五十餘國，被兼併成二十餘國。南道主要有鄯善、于闐兩國；中道有焉耆、龜茲、疏勒等國；北道有車師後部王、車師前部王、高昌及烏孫等國。在曹魏統有河西之後，即繼承了東漢王朝的遺制，於高昌設立了戊己校尉，於海頭置西域長史府，用以統轄西域各國。西晉仍然如此。在魏晉時期，西域各國亦同漢代一樣，接受中原政權的封號，遣侍子來中原學習，如曹魏時，車師後部壹多雜被魏封為「守魏侍中，號大都尉」。西晉時，焉耆、龜茲皆曾「遣子入侍」。可惜的是，西晉統一只是曇花一現，繼之而來的是賈后專權、八王之亂、中原混戰，先後出現了許多民族政權和地方政權。統治長安以西的有前秦、後秦、西秦、夏、五涼政權、吐谷渾、柔然、突厥以及西域諸國。

　　前秦、後秦是氐、羌兩族建立於關中地區的政權，建立前秦的氐族苻氏起於略陽臨渭（今甘肅秦安縣東南），建立後秦的羌人姚氏起於南安赤亭（今甘肅隴西縣西）。苻、姚兩姓都原為部落的首領。永嘉之亂後他們都曾臣屬於前趙、後趙。後趙時，苻氏內遷至枋頭（今河南

浚縣），姚氏被遷至清河（今河北清河縣）。後趙瓦解後，苻氏西回關中，建立起了前秦政權。姚氏則是在淝水戰後，前秦崩潰，逐步占有關隴，建立起後秦政權。兩族內遷之前，文獻所記甚略，而到建立起政權時，從其政治行政制度、禮儀風俗等各方面來看，都是效法漢人，完全封建化了。如苻健初建政權，即與關中百姓「約法三章」，「優禮耆老，修尚儒學」；至苻堅執政時，更是推行漢族的封建禮法，所謂「修廢職，繼絕世，禮神祇，課農桑，立學校」，甚至於魏晉以來中原特有的封建門閥制度也得到了恢復。《晉書·苻堅載記》載：「復魏晉士籍，使役有常聞，諸非正道，典學一皆禁之。」值得一提的是，苻堅之弟苻融，史稱他「聰辯明慧，下筆成章，至於談玄論道，雖道安無以出之」。特別是他還「尤喜斷獄，奸無所容」，在《晉書·苻堅載記》所附的傳中，記載了他為司隸校尉審判京兆董豐妻與姦夫謀殺丈夫的事，朝臣為之歎服，當時州郡疑獄，都來請他判斷，由此可見氐族漢化的情形。

同樣，姚氏後秦政權中如姚襄是個「好學博通，雅善談論」的首領，姚興則是歷史上大力提倡儒學、大興佛教的著名君主。《晉書·姚興載記》中談到，他不僅繼承了魏晉以來的封建統治體制，詔命郡國免奴為良，而且，「下書聽祖父母昆弟得相容隱」，「立律學於長安，召郡縣散吏以授之。其通明者還之郡縣，論決刑獄，若州郡縣所不能決者，讞之廷尉」。他自己也「常臨諮議堂聽斷疑獄，於是號無冤滯」。

前秦、後秦的政制、立法都是繼承了中原的封建體制，已完全是一個封建政權，這應是毫無疑問的。但是，也應當看到，少數民族貴族入主中原，他們雖不斷漢化，甚至完全採用中原的各種典章制度，然而，他們原有的軍事部落化的體制，以及一些舊有的風俗，總或多或少地被保留下來。前秦建國前苻洪有很多的部曲，既從事生產，也

是戰鬥隊伍。後來苻健建國，又曾自稱大單于。姚秦從一開始就有不屬於州郡的營戶，既種地，又出兵，還有屬於軍鎮的鎮戶，即以軍事組織控制人口。這都是部落制的遺留。

　　前秦瓦解以後，在長安以西的古絲路上，還有西秦、夏及五涼政權。

　　西秦由鮮卑乞伏氏建立的。四世紀初，乞伏鮮卑原由蒙古高原南出大陰山西遷至今蘭州東南的苑川（約當今甘肅蘭州東桑園峽一帶），當時還只處於部落聯盟的階段。後來，受周圍漢族的影響，迅速地向國家政權過渡。到淝水之戰，乞伏國仁於是據地「自稱大都督、大將軍、大單于，領秦、河二州牧」，築勇士城（今甘肅榆中夏官營火車站西）為都城，逐步建立起割據政權。從這一政權的職官來看，乞伏國仁時設有左相、右相、左輔、右輔，任其職的多是鮮卑族的貴族。到乞伏國仁死，其弟乞伏乾歸繼位，稱「大單于、河南王」，盡有隴西之地，在中央設置了尚書令、左右僕射、侍中、各部尚書，在地方有州郡刺史、太守和縣令。史稱它「一如魏武、晉文故事」。這說明從乞伏國仁到乞伏乾歸，已逐步地完全效法中原的封建法制了。隴西地區，原是一個以漢族為主要居民的農業區，乞伏氏遷入這塊土地以後，很快就改變了他們原有的游牧經濟，轉向農業定居生活。乞伏氏的首領，也迅速地與當地的豪門地主相結合，向封建社會轉化，採用漢人的封建生產方式，實行各種封建的政治、經濟制度。有人統計，在西秦王國時期，見於文獻的，在西秦政權中任職的漢族地主或早已漢化了的其他族的豪門地主，多達四十九人（參見周偉洲《南涼與西秦》）。這些人與乞伏氏共同治理國家，其政權的性質是可想而知的。有關西秦社會風俗的資料，文獻記載甚少，但保留至今的甘肅永靖炳靈寺石窟，卻為我們提供了一點線索。炳靈寺第 169 窟的北壁上有建弘元年

（420）的題記，其下還有兩排供養人像。建弘是乞伏熾磐的年號，供養人題記中除了有曇無毗、道融等高僧之外，還有「乞佛□羅使之像」。顯然，這乞佛是乞伏的異譯。這位乞伏氏的官僚，從壁畫來看，身著長袍，完全同漢魏以來漢族士大夫的寬衣大袖的裝飾一樣，而不同於鮮卑人的窄袖細腰的衣飾。這說明西秦乞伏氏據有隴西時是比較徹底地漢化了。

如果說據有隴西的西秦乞伏氏完全地漢化了，其法制應與漢族沒有很大的差別，那麼，據有朔方之地，由匈奴人赫連勃勃建立的王國，在封建化的過程中則還保有游牧民族的許多習俗。赫連氏原為南匈奴的後裔，淝水戰後，這一部落輾轉到了高平川（今寧夏南部的清水河），投依後秦政權。不久，襲殺後秦高平公破羅多沒奕干，自稱大夏天王、大單于，署置百僚，以其兄弟為丞相、大將軍、御史大夫、司隸校尉，建統萬城（今內蒙古烏審旗南白城子）為國都。至劉裕滅後秦後南返，赫連勃勃乘機進據長安，稱帝改元，成了當時西北地區武力最強的政權。關於這一政權的制度，據《晉書·赫連勃勃載記》的記述，赫連勃勃從立國之始，就主張「遷居無常」，反對據憑險固，專守一城。也因此，他在統轄區內不設州郡，以軍鎮統戶。他所任用的官吏，多是自己親屬和部屬的首領。在與後秦的戰爭中，他不僅坑殺了後秦軍士數千人，「以女弱為軍賞」，而且，他還曾「掠平涼雜胡七千餘戶以配後軍」，史稱他「性凶暴好殺，無順守之規。……群臣忤視者毀其目，笑者決其唇，諫者謂之誹謗，先截其舌而後斬之。夷夏囂然，人無生賴」。以女弱賞軍，殘殺俘虜、臣民，以及存在部落兵制及軍戶，表明赫連氏政權仍保有較多的奴隸制殘餘和游牧民族的習俗。赫連氏政權僅僅存在二十五年便為北魏攻滅，由於時間短，留下的文獻記載也少，其法制的詳細狀況則難以知道了。

　　五涼政權是建立於今甘肅河西走廊和青海湟水流域的五個地方政權。其中前涼和西涼是由漢族建立的，後涼、北涼、南涼是分別由氐族、盧水胡和鮮卑族建立的。

　　前涼張氏政權，原是西晉涼州刺史演變而成的。西晉亡後，中原為五胡所占，涼州刺史張軌及其子孫遂在河西建立起獨立的政權。從法制上來看，前涼政權是西晉政權在河西走廊地區的延續，一切政治制度、經濟制度，都同西晉一樣，只是在張駿以後，才自稱涼王。「所置官僚府寺擬於王者，而微異其名。」張祚執政時，曾一度稱帝，但很快就恢復原樣了。所以，前涼的立法，應完全同於漢晉。

　　前涼為前秦所滅，河西為前秦所有。淝水戰後，前秦瓦解，奉命討西域的氐族大將呂光回至河西，遂占地自立為天王，史稱後涼。後涼朝臣職官亦如前秦，多依中原漢人政權的制度，只不過其重要職位都是由呂氏子弟所擔任。更因為呂氏子弟爭權奪利，並想以殘殺當地豪族來威懾河西百姓，所以很快引起各族反抗。這個政權存在僅十五年便投降於後秦。

　　後涼敗滅，繼起而據有河西走廊中部的是盧水胡沮渠蒙遜，史稱北涼；據有河西走廊西部的是漢人李暠，史稱西涼；據有湟水流域的是鮮卑禿髮烏孤，史稱南涼。

　　南涼禿髮氏與北魏拓跋氏同出一族，原都活動於蒙古高原。後來，禿髮氏輾轉遷至河曲，史稱河西鮮卑。到禿髮烏孤時，這一部落又南下，遷至湟水流域。呂光後涼政權內亂不斷時，已經逐步漢化了的禿髮氏遂於今青海樂都東建廉川堡，自稱大單于、西平王，至其子傉檀時改國號為涼，稱涼王，成為一獨立政權。南涼的官制基本上同漢魏以來相同，有錄尚書事、各部尚書及左右僕射等，也有各種名號的將軍，但沒有御史臺及主書刑獄的官吏，說明南涼政權比較重視軍

事，而對法律、刑獄方面是忽視的。南涼在禿髮利鹿孤、禿髮傉檀時也大量任用漢族的豪門望族。據《晉書》所列，有三十多人，這些人使之「內居顯位，外宰郡縣」，成為南涼政權的重要支柱。在經濟方面，禿髮烏孤時，他「養民務農，循結鄰好」，逐步由游牧遷徙過渡到農業定居生活。但是，由於南涼注重軍事征服，實行「置晉人於諸城，勸課農桑，以供軍國之用，我則習戰法以誅未賓」（《晉書‧禿髮傉檀載記》），使南涼社會形成二大部分，一部分是禿髮鮮卑等族，掌握軍事，四處征討，掠奪財物；另一部分主要是漢民，被固定在都城周圍，從事農業生產，提供租賦。所以，南涼社會是一個部落軍事制與封建租佃制共存的國家。南涼僅立國十八年，時間較短，其國的土地占有及賦役制度，文獻缺載，無從了解。然南涼重視儒家，提倡佛教，在歷史上都留下許多美談。

建都酒泉的西涼漢人李暠政權，實際上是敦煌望門大族的代表，李暠就是在敦煌張、索、李、陰、宋、唐、曹等姓支持下建立起來的。李暠雖自稱大都督、大將軍、涼公，領秦、涼二州牧，但也奉晉正朔，設左右長史、左右司馬及祭酒、從事中郎等職。顯然，這一政權不同於其他少數民族政權。他沒有稱王，也未設立中原王朝如尚書省、各部尚書、御史臺的機構，只是在原有地方機構上稍加擴大而已。他崇儒興學，提倡忠孝，實行察舉，編制戶籍，其各種制度完全同中原政權一樣。

北涼政權是盧水胡沮渠氏建立的。盧水胡是匈奴的別部，據現在許多人的研究，是小月氏的後裔，與當地羌人融合，居於祁連山和黑河（即張掖河）流域。這一地區在兩漢時即歸屬中原政權管轄，所以盧水胡漢化程度甚深。據《晉書》所載，沮渠蒙遜自己就是個「博涉群書，頗曉天文」的人物。當沮渠氏建立政權之初，蒙遜就非常重視

農業生產。他曾下令:「蠲省百徭,專功南畝,明設科條,務盡地利。」
他亦非常重視政權機構的辦事效率。針對「公私草創,未遑舊式,而
朝士多違憲制,不遵典章」的情況,命人制定了朝堂制,「行之旬日,
百僚振肅」。因為盧水胡長期在中原政權統轄區裡生活,所以沮渠氏在
建立起北涼政權後也一貫重視漢族傳統的儒學,漢人張穆「博通經
史」,用以為中書侍郎;劉昞為河西大儒,尊為國師;闞駰精通經傳,
用為考課郎中,另外索敞、陰興、程駿、胡叟、趙柔、江式等著名儒
學之士,皆受到沮渠蒙遜的優遇。也正是這些人,後來都成為北魏時
期重興儒學、制訂各種典章制度的重要人物。關於北涼的政治制度,
《晉書》未曾詳載,其中說到蒙遜稱河西王時,「置百官,如呂光為三
河王故事」。其官名有左右長史、左右司馬、從事中郎、中書侍郎、太
史令、各種名號的將軍、太守、縣令等等,應大致是按中原地區政權
的制度而加以擴大的。這也可以說是前涼政權「擬於王者,而微異其
名」的繼續。這個政權後來滅掉西涼,統一河西。從沮渠蒙遜自稱涼
州牧,至其子沮渠牧犍為北魏所滅,北涼共立國三十九年。在吐魯番
發現的文書中有許多北涼時期的文書,使我們知道北涼曾實行過察舉
制度,允許奴婢買賣的存在,有關徵調農民戍邊、屯田等文書給我們
提供了當時土地賦稅情況的一點信息,補充了文獻的闕漏。

　　至於魏晉時期的西域地區,據現在所知,曹魏、西晉都是繼承了
東漢遺制,於海頭(羅布泊樓蘭遺址)設西域長史,於高昌設戊己校
尉。西域各國皆從屬中原政權,「無歲不奉朝貢,略如漢氏故事」[4]。在
《流沙墜簡》一書中,曾刊有於尼雅河下游發現的四枚晉簡,其中兩枚
文字是:「晉守侍中大都尉奉晉大侯親晉鄯善、焉耆、龜茲、疏勒、于

4　《三國志》卷三〇《魏書・烏丸鮮卑東夷傳》,中華書局 1959 年版,第 841 頁。

闐王……」經王國維先生考證，此簡是西域長史營抄寫大鴻臚下給西域各國逮捕罪人的文書。當時，這五國都屬西域長史所轄。西晉亡後，中原紛亂，靠近西域的是前涼，西域各國為保持平衡，都向前涼進貢。太元六年（329），前涼張駿還在戊己校尉駐地高昌設立了高昌郡。太元十一年（334），張駿命楊宣率眾越流沙，討伐龜茲、鄯善，「西域並降」。前涼在西域設立了西域都護。前秦滅掉前涼，靠近河西的車師、鄯善仍臣屬於前秦，稍遠的焉耆、龜茲、溫宿、尉頭等這時逐漸疏遠了。於是符堅命呂光出征西域，戰敗龜茲、溫宿，各國皆來歸附。前秦於龜茲設西域校尉，於高昌設西域都護。及至前秦敗亡，河西出現了好幾個稱「涼」的政權，靠近西域的西涼李暠和後來統一河西的北涼沮渠氏，同西域各國有較多的關係。當時的高昌郡，仍在北涼的統轄之下。至北魏攻滅北涼，北涼殘餘勢力於吐魯番建立起了後裔政權，北方蒙古高原上柔然的勢力亦進入了西域，形成了柔然與北魏爭奪西域的局面。

在述及魏晉南北朝時期的古絲路時，我們不能不涉及統有大漠的柔然，柔然（亦譯作蠕蠕、茹茹）是個奴隸制國家。據《魏書・蠕蠕傳》所載，北魏初年「始立軍法：千人為軍，軍置將軍一人；百人為幢，幢置帥一人。先登者賜以虜獲，退懦者以石擊首殺之，或臨時捶撻。無文記，將帥以羊屎粗記兵數，後頗知刻木為記」。柔然曾將勢力擴展至高昌、焉耆、龜茲、于闐一帶，但其如何統治西域，史書設有詳細記載。在述及高昌國時，《魏書》曾說到柔然攻滅了北涼沮渠氏的殘餘政權，立闞伯周為高昌王。《周書・突厥傳》也說，當時居於阿爾泰之陽的突厥，原是柔然貴族的「鍛奴」。因為實行奴隸制，柔然奴隸主的掠奪和奴役必然是非常殘暴的，也因為如此，在西域不斷引起了高昌、嚈噠、突厥等的反抗。柔然政權也正是在西域及北方各族的反

抗下崩潰的。

　　北魏統一北方以後，西域一度曾為北魏與柔然爭奪的場所。到柔然衰落，西域各國大致分兩種情況：一種是靠近中原王朝的地區，如高昌、伊吾、鄯善、且末等地，自兩漢以來，受漢族政權影響較大，有的曾設立過州縣。北魏勢力進入後，「賦役其人，比之郡縣」[5]。同內地沒有多大的差別。另一種是距離中原稍遠的一些綠洲王國，如焉耆、龜茲、疏勒、于闐等國，在拓跋燾命萬度歸西征後，也都曾從屬於北魏，北魏在焉耆曾設立了焉耆鎮。這些國的狀況，根據《魏書‧西域傳》的記述，亦同高昌等地相似。他們的國王多是世襲的，焉耆是龍氏，龜茲是白氏，于闐是尉遲氏，皆是漢晉以來延續下來的。于闐的刑法是「殺人者死，餘罪各隨輕重懲罰之」，風俗同於龜茲。龜茲刑法是「殺人者死，劫賊則斷其一臂並刖一足」。同時，龜茲還實行「稅賦準地徵租，無田者則稅錢」。其「風俗、婚姻、喪葬、物產等與焉耆同」。而焉耆的婚姻，史稱其「略同華夏」。這些都說明西域各地自兩漢以來，不斷接受中原的封建文化，已逐步進入了封建社會，無論是賦稅、婚姻、刑律，都深受漢族的影響。

　　三

　　隋王朝統一南北，結束了近三百年的分裂割據局面，自此，隋唐兩代與絲路上西北各族的關係進入了一個新的階段。

　　隋唐兩代在絲路上活動的主要有吐谷渾、吐蕃、突厥、回鶻及其他西域諸國。

　　吐谷渾原是鮮卑的一支。西晉永嘉亂後，由陰山南下，據有今青海及甘肅南部、四川西北部等地，成為自十六國至隋唐時期西北地區

5　《魏書》卷一〇二《西域傳》，第 2262 頁。

一個重要的少數民族建立的國家。《晉書》、《北史》、《南史》、《魏書》、《周書》、《隋書》、兩《唐書》皆有列傳。吐谷渾主要從事游牧，兼及狩獵。但河曲等地兩漢時期為羌民的居地，隋唐時在這一帶的羌民仍以農業為主業。在長期與漢、羌往來中，吐谷渾逐步也有了定居生活，建立起城鎮，如伏俟城（今青海湖西鐵卜卡古城）、曼頭城（今青海共和縣西）、赤水城（在今青海共和縣東）等等。

　　關於吐谷渾的社會性質及政治制度，古代文獻上未作專門記述，大多數研究者認為，當時吐谷渾仍處於奴隸制向封建制過渡時期，其直接表現就是在政治制度上。吐谷渾進入青海時間甚早，仍然過的是游牧生活，只是個部落聯盟，最高首領稱可汗，其餘各部落首領稱「大將」或「別帥」，後來建立起國家，學習漢族封建文化，於是有「長史」、「司馬」、「將軍」等名號。及至五世紀中葉，吐谷渾統治者既自稱「大單于」，又稱「吐谷渾王」，其下職官也有了公、僕射、尚書、郎中、將軍等名號。有些同仁還懷疑吐谷渾內曾推行過州郡制度。

　　吐谷渾的風俗，史稱其「丈夫衣服略同於華夏，多以羅幕為冠，亦以繒為帽，婦人皆貫珠貝，束髮，以多為貴」。其國家租稅是：「國無常賦，須則稅富室、商人以充焉。」其婚姻與匈奴相似，父死妻後母，兄死妻釐嫂，貧不能娶妻者，則盜女而婚。其國刑罰也比較簡單：「殺人及盜馬死，餘則徵物以贖罪，亦量事決杖。刑人必以氈蒙頭，持石從高擊之。」[6]

　　吐谷渾與周圍政權的交往，見於史籍的是始於前秦。前秦瓦解後，其與西秦、南涼及南朝劉宋都曾有過連繫，特別同西秦關係密切，被乞伏熾磐封為「白蘭王」。西秦為夏國的赫連定所滅，吐谷渾又

6　《魏書》卷一○一《吐谷渾傳》，第2240頁。

乘機襲擊赫連定，擒送北魏。後來，吐谷渾與北魏之間和戰不常。為求得發展，吐谷渾也不斷與南朝政權取得連繫。到五世紀末和六世紀初，吐谷渾的勢力從青海擴展到鄯善（今新疆若羌）、且末（今新疆且末），「東至疊川（今甘肅迭部東南），西鄰于闐，北接高昌，東北通秦嶺」[7]。及至北魏分裂，吐谷渾實行遠交近攻政策，討好東魏、北齊，與西魏、北周對抗，但後被北周攻占了東部的許多地區。到隋王朝建立，煬帝西巡，占領了吐谷渾全境，於其國設西海、河源、鄯善、且末四郡。隋亡，吐谷渾復國，唐王朝命李靖出兵攻擊，其王伏允自殺。唐保留其政權形式，先後立慕容順、諾曷鉢為王，使之成為唐的屬國。到唐高宗時，吐蕃強大，攻占吐谷渾轄地，諾曷鉢先逃至涼州，後被遷至靈州，置安樂州（治今寧夏中寧鳴沙）以處之。這個在絲路青海道上活躍了近三百年的國家，以後就逐漸融進了北中國的漢族之中。

在隋唐時期，對絲路影響較大的還要算突厥和吐蕃。

突厥興起於南北朝末年，「西破挹怛，東走契丹」，東、西魏及北齊、北周皆與之結好，用以壯大自己的聲勢。至隋統一南北，隋採用遠交近攻的謀略，促使突厥分成東、西兩部，後來皆從屬於隋王朝。隋末唐初，東、西突厥復統有大漠南北和西域地區，但在唐太宗、唐高宗時都為唐所征服，唐於其地設立了許多羈縻州府進行管理。

許多史家認為突厥仍是一個奴隸制的國家。關於突厥的社會制度，突厥建國之後，繼承了柔然統治的制度，不斷地掠奪人口和財富，將掠得的人口分給各氏族、部落的首領，當成私有的奴婢。史書上不斷記載突厥掠奪人口，以及唐在平定突厥後仍然要出金帛贖回被

7　參見《梁書》卷五四《河南傳》，中華書局 1973 年版，第 810 頁。

掠去的八萬男女，就是突厥實行奴隸制的最好說明。根據近代發現的《闕特勤碑》、《毗伽可汗碑》的記載，被征服的部落有叛亂行為，「其可汗伏誅，人民亦為奴婢」。同時，還規定：騎士作戰不能保護主帥因而致使國家敗亡，這些騎士都得黜為奴隸，其碑文說：「依吾祖宗之法度，亡國家、失可汗者，當為婢為奴，當為違反突厥法度之人民。」突厥的政治制度，最高的稱「可汗」，其下分封許多小可汗，可汗子弟稱「特勤」，別部領兵稱「設」。整個突厥統治區分東西兩個部分，東部叫「突利」，西部叫「達頭」，其下又有稱「設」的領兵官，故文獻上常有「突利設」、「達頭設」的名稱，在「可汗」與「設」之間，還有「葉護」的大官，研究者認為等於副可汗的地位。在這些中央大官之下，見於史籍的還有屈律啜、阿波、頡利發、吐屯、俟斤等許多名目，《舊唐書·突厥傳》中說突厥官有二十八等。這些官都是世襲的，同時也沒有人員的限制。各部落的首領擔任各級軍官，稱為「伯克」，即奴隸主。可汗、貴族和大小伯克組成的貴族會議有權決定汗位的繼承人，決定國家的兵戎大事。對於被征服的小國或部落，如對西域各國，則授其上層以「頡利發」的官號，然後派吐屯去「督其徵賦」。在突厥統治下的各族正是不堪奴隸主殘暴的統治而不斷爆發反抗鬥爭的。東突厥正是在鐵勒諸部起義的打擊下走向衰弱的，唐王朝才能迅速地將其擊滅。西突厥雖也曾用婚姻關係拉西域各國的上層，如疏勒、高昌、康國等國都曾與突厥女為婚，但對於稍不從命的國家，則進行屠殺或占領，如于闐即曾遭屠殺。西突厥還滅掉石國，以特勒匐職攝國。西突厥亦是由於內部的叛亂、分裂，為唐王朝所滅亡。東、西突厥後來都曾經復國，與唐王朝再次爭奪漠北和西域，然正如在《闕特勤碑》和《毗伽可汗碑》上所說的：「因兄弟自相齟齬，而使伯克人民之間相互水火，前王突厥汗國崩潰。」

　　突厥的各種法度及風俗，《周書》、《北史》記之最詳。《北史・突厥傳》中寫道：「其被髮左衽，穹廬氈帳，隨逐水草遷徙，以畜牧射獵為事，食肉飲酪，身衣裘褐。賤老貴壯，寡廉恥，無禮義，猶古之匈奴。」又說：「移徙無常，而各有地分。」「其徵發兵馬及諸稅雜畜，刻木為數，並一金鏃箭，蠟封印之，以為信契。」「其刑法：反叛、殺人及奸人之婦、盜馬絆者，皆死；淫者，割勢而腰斬之；奸人女者，重責財物，即以其女妻之；鬥傷人者，隨輕重輸物，傷目者償以女，無女則輸婦財，折肢體者輸馬；盜馬及雜物者，各十餘倍徵之。」其婚姻制度，「男有悅愛於女者，歸即遣人聘問，其父母多不違也。父、兄、伯、叔死，子、弟及侄等妻其後母、世叔母、嫂，唯尊者不得下淫」。另外，突厥還有「敬鬼神，信巫覡，重兵死，恥病終」的風俗。所有這些制度、法規和習俗，我們明顯地可以看出，以游牧為生的突厥族自南北朝末年即進入了階級社會，其各種制度比之漢族當然要簡單得多，有些還可以說是氏族社會的遺留，如婚姻制度即是如此，但是，用立法的手段來保護私有制，賦予最高統治者以徵發兵馬、賦稅的特權等等，卻是同進入階級社會的其他族完全一樣的。

　　繼突厥統有漠北的是薛延陀和回鶻。在隋唐時期的絲路上，回鶻是一個比較活躍的少數民族。回鶻興起於八世紀中葉，當唐王朝發生安史之亂時，回鶻曾出兵幫助收復長安、洛陽兩京。後來，唐曾以寧國公主、咸安公主和太和公主出嫁給回鶻的可汗。吐蕃占領河西、隴右後，回鶻亦將勢力伸入西域，占有北庭（今新疆吉木薩爾）。唐與西域交往，主要就是通過草原路，經回鶻到達北庭，然後西行。九世紀中葉，回鶻為黠戛斯所破，分三支西遷，一遷蔥嶺西，一遷甘州（今甘肅張掖），一遷西州（今新疆吐魯番），都在絲路古道上。

　　據兩《唐書》及《資治通鑑》所載，回鶻初起時「無君長」，「隨

水草流徙」，統有漠北之後，因與唐絹馬貿易，強迫役屬各部貢獻，並掌握中西交往通道，所以逐漸富裕起來，開始建築城市，走向半定居的生活。它的政治制度，似乎是有兩個體系，一是沿用突厥的制度，所謂「署官號皆如突厥故事」，典兵的稱「設」，大臣叫「葉護」、「屈律咄」、「阿波」、「俟利發」、「吐屯」等等。一是沿用中原王朝的一些官號，如有「外宰相六，內宰相三，又有都督、將軍、司馬之號」，派駐所屬各部的稱為「監使」。我們從回鶻助唐平安史之亂可知，回鶻軍隊所至，以剝掠財物、子女為主要目的，同突厥奴隸主是完全一樣的。但我們也不能不看到，回鶻在長期與唐王朝互市的過程中，不斷受中原文化的影響，逐步向封建制轉化。回鶻可汗後來不僅建城市，而且「築宮殿以居婦人，有粉黛文繡之飾」。許多回鶻人在絲路上販運致富，有的還居於長安成為富室。回鶻統治階級也正是在財富不斷增多的情況下逐漸腐化，引起被統治各族的反抗。到九世紀中葉，回鶻被黠戛斯擊潰，部落分散。西遷的回鶻，後來在蔥嶺以西建立喀喇汗王朝，建都八拉沙袞城（在伊塞克湖南），以疏勒（今新疆喀什市）為第二都城，統有包括今新疆莎車、和田等地。其制度是實行軍事封建采邑制。遷至西州的回鶻，建都喀喇和卓（今新疆吐魯番東），歷史上稱為「高昌回鶻」，已在原來唐代西州的基礎上，由游牧轉為定居，農業、手工業都非常發達，完全是一個封建政權了。甘州回鶻開始時依附於吐蕃，後來張議潮起義，依附於歸義軍節度使。及至唐代末年，這支回鶻力量強大，打敗歸義軍，成為河西走廊最強的政權。這支回鶻也因生活於早為中原政權建立過州縣的河西，所以其制度亦深受漢族封建制度影響，有宰相、樞密使等名號，是一個已進入封建社會的小國。他們也不斷與中原王朝連繫，取得中原政權的支持，用以對抗西夏，但最後到十一世紀初為西夏所滅。

在唐代，對古絲路影響最大的要算是吐蕃。吐蕃在唐代前期即占有吐谷渾故地，不斷向西發展，將勢力伸入西域，勾結西突厥勢力，進攻安西四鎮，以致在西域歷史上出現唐代安西四鎮三置三罷的過程。安史之亂後，吐蕃更是乘機占有隴右、河西之地和今新疆南部，成為當時古絲路上勢力最大的一個國家。

吐蕃是一個游牧兼農業的民族，在唐代時，仍處於奴隸制的階段。其最高統治者稱為贊普，其大臣有大相、副相，稱大論、小論，還有內大相、副相，用以管理國事。按唐人的記載，吐蕃王族曰「論」，官族曰「尚」，吐蕃官職是父死子代，故其官員多是宗室、外戚。吐蕃當時雖有文字，但通行不廣。其人民生活是「春夏每隨水草，秋冬始入城隍，但施廬帳，又無屋宇」。這個國家的刑法非常嚴酷，「其刑，雖小罪必抉目，或刖劓，以皮為鞭抶之，從喜怒，無常算。其獄，窟地深數丈，內囚於中，二三歲乃出」。所謂「從喜怒，無常算」說明還沒有一定的制度，只是根據統治者的心態判事。這種嚴酷的刑法，在軍事上也有反映，史載：「其兵法嚴，而師無餽糧，以鹵獲為資。每戰，前隊盡死，後隊乃進。」因為實行殘酷的奴隸制，所以，入侵唐境時，「焚聚落，略畜牧、丁壯，殺老孺，斷手剔目乃去」[8]。顯然，這是以掠奪人口為目的。在唐代的一些筆記、文集中還記載説，被吐蕃所掠的唐人，「其無所能者，便充所在役使」[9]。有的甚至於將俘虜「令穴肩骨，貫以皮索，以馬數百蹄配之」[10]，強迫這些人勞動。據《新唐書·吐蕃傳》記載，當時吐蕃擄掠了華亭男女萬人，分送給羌人、吐谷渾人貴族充當奴隸。吐蕃贊普死後，還要殺人殉葬。這些都

8　《新唐書》卷二一六下《吐蕃傳下》，中華書局 1975 年版，第 6097 頁。

9　趙璘：《因話錄》卷四，上海古籍出版社 1957 年版，第 96 頁。

10　段成式：《酉陽雜俎》卷七，中華書局 1981 年版，第 272 頁。

說明吐蕃當時還是一個典型的奴隸制國家。

吐蕃與唐在戰爭中雖然取得了許多勝利，但是，由於長期與封建制的唐王朝交往，不斷接受中原文化，封建生產關係逐漸在境內滋長，以至到唐代末年出現了封建割據，內部爭鬥不已。這個強大的奴隸制國家，也正是在不斷內爭中走向崩潰。

至於吐蕃的風俗，赭面、辮髮、佞佛、重鬼，這幾點不同於北方的突厥，而貴壯賤弱、重兵死、惡疾終，則同其他游牧民族是一樣的。

隋唐時期的西域地區，同前代相比，亦有所發展。兩漢至於魏晉，於西域設都護、校尉或長史等職，用以羈縻各個綠洲王國。各小國仍保存原來的一套機構。但是，到隋唐時期，中原王朝已於古稱西域的東部設立了許多州縣。隋煬帝平定吐谷渾，設河源、西海、且末、鄯善四郡。其中鄯善、且末兩郡在今新疆境內。鄯善治古樓蘭（今新疆若羌），且末治古且末城（今新疆且末南）。與此同時，煬帝還在古伊吾廬建築新城，設立了伊吾鎮，後來建立了伊吾郡（今新疆哈密）。唐代繼立，改郡為州，於古西域東部繼續設立伊州、西州，原來隋代建立的鄯善、且末兩郡，歸入沙州（治所在甘肅敦煌）。此外，又新成立了庭州（今新疆吉木薩爾），作為北庭都護駐地。這樣，古西域的東部，都成了唐王朝所屬的州郡，其立法、規範都就是應同中原一樣的了。吐魯番文書中大量的資料，應是當時法制狀況的如實記錄。

西域的其他小國，在今中國境內的，兩《唐書》的《西域傳》中記述了焉耆、龜茲、疏勒、于闐及高昌等國。高昌在唐初被侯君集征服後立為西州。至唐代後期，上面述及，回鶻遷至西州，建立起政權，其版圖包括今烏什、阿克蘇以東的天山南北廣大地區，古稱焉耆、龜茲等國亦在其統轄之內。西州回鶻治高昌，基本上繼承了唐代的封建關係，其國人民大多過的是農業定居生活，手工業、商業都很

發達。在中世紀時，中原的印刷術即傳至高昌，漢文的許多佛經藏在高昌境內的寺院中。據維吾爾族史的許多研究者認為，高昌這時開始有了自己的文字——回鶻文。回鶻文的文書在近代新疆考古中多有發現，現已成為中國一個專門的學科。這一國家後來臣屬於契丹族統治者建立的西遼，至南宋末年，西遼又為蒙古所滅。

　　焉耆、龜茲、疏勒、于闐等國，這時也都已進入封建社會，居民都過著定居的農業生活。兩《唐書》在記述這些國家時寫道，焉耆「其地良沃，多葡萄，頗有魚鹽之利」。龜茲是「有城廓屋宇，耕田畜牧為業」，「有良馬、封牛。饒葡萄酒，富室至數百石」。于闐是「以木為筆，玉為印」，「人喜歌舞，工紡績」，有蠶桑。這些小國先後為唐所攻破，唐保留其王，並於其地置都督府。著名的「安西四鎮」，就是建立在這四個小國中。安西四鎮之上的安西都護府，原來初設於西州，後來移至龜茲，用以統轄天山以南諸小國。唐後來又設北庭都護府於庭州，統轄天山以北的許多部落。都護府設有都護、副都護，下分兵、法、功、倉、戶諸曹參軍，同中原州參軍事的職掌一樣。各小國設督護府，有都督一人，由唐政權委任本地區、本民族的首領充當，其僚屬史書無載。都督府下還有許多羈縻州，《新唐書‧地理志》說：「突厥、回紇、党項、吐谷渾之別部及龜茲、于闐、焉耆、疏勒、河西內屬諸胡、西域十六國隸隴右者，為府五十一，州百九十八。」州的首領也是由本族首領充當的。擔任都督、羈縻州刺史的本族首領，都是世襲的。對於這些羈縻州府的賦稅，《新唐書‧西域傳》說道，玄宗開元年間「治焉耆、龜茲、疏勒、于闐徵西域賈，各食其徵，由北道者，輪臺徵之」。這大概是用徵商稅作為駐軍的給養。至於這些小國或部落內部的賦稅，歷史文獻沒有記載，我們也就無法知道了。

　　在安史之亂後，西域一度為吐蕃、回鶻爭奪的場所。吐蕃衰弱之

後，西州有西州回鶻，而于闐一帶也曾建立起回鶻的李氏王朝，統有今塔里木盆地南緣包括莎車、葉城、和田一帶。據敦煌莫高窟第 98 窟的壁畫題記，知道當時的于闐國王叫聖天可汗，與沙州歸義軍曹氏往來比較密切，後來還向石晉及遼國進貢。至十一世紀初為喀喇汗王朝所役屬，後來西遼強大，又為西遼所統轄。

　　隋唐時期西域的法制狀況，就我們所知，大致有以上資料。至於絲路上中亞各國的法制資料，這裡不再涉及了。

（原載《敦煌學輯刊》1996 年第二期）

對古絲路上貿易的估價

　　近年以來，隨著改革、開放政策的貫徹，中國古代與世界各國交往歷史的研究，也逐漸被重視起來了。其次，有關絲綢之路的文章尤為引人矚目。也因為要研究這條古代陸路上的中西通道，對中國西部地區史地的研究，民族、宗教的研究，也成為一個熱點，「絲路熱」、「敦煌熱」、「西部文化熱」，以及圍繞著這些熱點而進行的實地考察，都曾結出了許多可喜的碩果，這是令人感到興奮和欣慰的。我們希望隨著改革、開放的進一步深入，能有更多高質量的研究成果問世，使這條古絲路重新煥發出青春和活力。

　　被稱為絲綢之路的這條古代中西通道，實質上也是一條民族友好往來的道路，是一條中西經濟、文化交流的道路。但是，因為大家把這條通道形象地稱為絲綢之路，於是也有些同仁就以這一名稱作為出發點，進行了一系列推導。既然稱為絲綢之路，當然就應該以絲綢的輸出為主，在古代稱為西域的地區，考古發掘中曾獲得了一些絲綢織物，於是也就成了以絲綢輸出為主的最有力的證據，由此還推導出絲綢貿易是這條通道上「最基本的內容」和「交流的動力」。更有甚者，

由絲路以絲綢輸出為主的結論，進一步推論出這主要是一條「商路」。從漢代起，為了「打通商路」，於是不斷用兵西域，使中西間絲綢貿易更加興盛起來。

應該如何估價中西陸路通道上的貿易？絲路是否以絲綢貿易為主？它的開拓是否是為了「打通商路」？想就這些問題，談一點個人看法，以就教於學術界的同仁。

一

絲路之名，是德國十九世紀學者李希霍芬（1833-1905）在《中國》一書中提出來的。他指的是中國與中亞阿姆河、錫爾河之間，中國與印度之間，「以絲綢貿易為媒介的這條西域交通道路」。後來，法國東洋史學家阿爾巴特・赫爾曼在《中國和敘利亞之間的古代絲綢之路》一書中，把絲綢之路擴展到了敘利亞。這樣，古代中西交往的這條陸路通道，人們都沿稱為「絲綢之路」。從這條通道的命名來看，我的理解是：美麗的絲綢織品由這條道路傳入西方各國，引起了西方社會各階層人士的注意，因此，西方人把出產絲綢的中國稱之為「賽里加」（Serica），把那裡的人稱之為「賽里斯」（Seres），即絲綢之國，絲綢之國的人。這同英語裡以瓷器（China）當作中國是一樣的，是以一種物品的產地來命名的。由出產絲綢推導出絲綢之國、絲綢之路，能更形象、更生動地表達出東方盛產絲綢的中國，是通過這條陸路大道與西方人民友好往來的，特別是蠶絲既長且細，堅韌光潔，猶如地圖上所標的道路線條，後人所以沿用這一名稱，正是這種形象、生動而又非常恰當的比喻，能更鮮明地印刻在人們的記憶之中。華貴絢麗的絲綢與人民友好往來的美好願望，都由「絲綢之路」四個字表達出來了。

由上所說，我以為絲綢之路的命名，是由絲綢的來源、產地，以及包含了人民友好往來的良好願望而來的，並沒有以絲綢貿易為主的

意思。

　　不僅是絲路的命名沒有以絲綢貿易為主的意思，就是以絲路的開拓來說，也同絲綢貿易沒有多大的關聯。

　　關於絲路的開拓，一般認為這是始自張騫的「鑿空」。但從現在已發表的許多文章來看，許多學者以為在張騫之前，中原與西域各國即已有往來。從考古實物所得知道，先秦時期，西域地區即出土有漆器、銅鏡，也曾出土過一些絲綢織物，證明張騫之前確有中原的產品傳至今新疆和中亞地區。從文獻資料所知，《山海經》、《穆天子傳》、《管子》、《淮南子》以及古希臘學者希羅多德的《歷史》一書，都曾涉及西域的地名、部族、山川地理及交通的情況。雖然有很多研究者對這些書提出了懷疑，以為不是信史，其內容很大部分是虛構的，最多也是一些傳聞的記錄。但結合考古實物所得，在張騫之前，這條通道上已有人活動，應是無疑的。儘管在先秦時期，中原王朝的疆域當時還未達及西域，這些實物不管是輾轉傳遞，或者是個別人冒險西行，總是有人攜帶過去的。文獻記載不可能是作者實地考察所得，但有所傳聞，才使作者有這種似真非真的想像和虛構。

　　肯定這條古道上先秦時期已有人活動，但並不等於像有些文章所說的，當時中西交往就已非常密切，絲綢貿易就已相當興旺。廣大的西域所出土的零星絲織物片段，不足以得出絲綢貿易興旺的結論。以點代面，以個別例證推導出全盤的結論，在歷史學科的研究中是不可取的，也是極為危險的。

　　張騫「鑿空」之說，是太史公在《史記‧大宛列傳》中提出的，以後班固在《漢書‧張騫傳》中繼依此說，意其所指，則是言西漢王朝自張騫之後，與西域諸國通使往來不絕。從這一意義來看，太史公所說不虛，在此之前，未見有中原王朝使者與西域諸國往通的。

　　西漢王朝所以命張騫出使西域，《史記‧大宛列傳》說：「張騫，漢中人，建元中為郎。是時天子問奴降者，皆言匈奴破月氏王，以其頭為飲器，月氏遁逃而常怨仇匈奴，無與共擊之。漢方欲事滅胡，聞此言，因欲通使。道必更匈奴中，乃募能使者。騫以郎應募，使月氏，與堂邑氏胡奴甘父俱出隴西。」這裡明確地指出，西漢王朝「方欲事滅胡」，也即要對付匈奴，聯絡月氏，才有張騫應募「通西域」的事件。

　　西漢王朝至武帝時「欲事滅胡」，歷代史學皆有論述。概而言之，即匈奴不斷侵擾邊境，使中原王朝西北邊境人民的生命財產得不到保障，也威脅著建立在長安的漢政權的安全。這一情況，迫使漢武帝不得不改變漢初以來的和親政策，轉而採取進擊的策略。為了要擊敗匈奴，「斷匈奴右臂」，聯絡與匈奴有世仇的月氏，兩邊夾擊，才有取勝的把握。張騫也正是負擔這一使命西行的。所以，從張騫出使西域的動機來看，完全是出於政治、軍事的目的，同絲綢貿易是毫不相干的。

　　張騫「鑿空」是政治、軍事的需要，漢與匈奴之間的戰爭和進軍西域，應是為了達到政治、軍事目的的一種手段。可是在涉及漢匈戰爭性質時，有些文章竟說是為了「打通商路」，把匈奴侵邊說成主要是掠奪絲綢，把雙方衝突說成是為出口絲綢、掠奪絲綢而戰。這種觀點，我以為也是難以接受的。

　　匈奴南下不斷侵擾中原王朝的邊境，應是匈奴社會發展到一定階段的必然產物，絕不是為掠奪絲綢、壟斷絲綢貿易而發動戰爭的。據現代史學家的研究，西元前三世紀以來，匈奴已進入了階級社會，游牧貴族為滿足自己的貪慾，不斷發動戰爭，掠奪相鄰部落和國家的財富。《史記‧匈奴列傳》記載，匈奴「士力能彎弓，盡為甲騎。其俗，寬則隨畜，因射獵禽獸為生業，急則人習戰以侵伐，其天性也」。「其攻戰，斬首虜賜一巵酒，而所得鹵獲因以予之，得人以為奴婢。故其

戰，人人自為趣利，善為誘兵以冒敵。故其見敵則逐利，如鳥之集；其困敗，則瓦解雲散矣。」游牧民族貴族的貪慾，匈奴部落中鹵獲歸己，得人以為奴婢的習俗，逐水草而居、善於騎射、飛速往來的有利條件，使匈奴部落具有極其強烈的掠奪性，匈奴呼韓邪單于時，其部下大臣自己承認：「匈奴之俗，本上氣力而下服役，以馬上戰鬥為國，故有威名於百蠻。」[1]自戰國以後，匈奴不斷南下侵擾邊境，正是這種社會特點所決定的。

　　至於說匈奴主要掠奪絲綢品，以便同西方國家交換，牟取更多的利潤，對此，許多研究匈奴史的學者對匈奴的社會經濟結構進行了深入的探討，以為匈奴自西元前三世紀進入階級社會以後，鐵器已大量使用，有力地推動了畜牧業、農業和手工業的發展。匈奴以畜牧業為主，逐水草而居，但受天氣及地理條件的限制，所以經濟發展很不穩定，這極大地妨礙了社會生產力的迅速發展和提高。匈奴的農業，在匈奴的古墓中曾發現有農作物的種子，還有鏵、鐮等農具，說明匈奴已有農業。但中國古代文獻中卻說「狄不谷食」[2]，匈奴「外無田疇之積」[3]，是否可以認為匈奴並不是一個以農業為主的民族？手工業主要有冶鐵業、鑄銅業、制陶業、木器業、毛織業、皮革業等，主要都是用來自用的。商業，因匈奴畜牧業經濟發展緩慢，在生產和生活上難以達到自給的程度，因此，除掠奪而外，用畜牧業產品如肉類、皮毛來交換中原的農產品和手工業品是十分需要的。故賈誼說：「夫關市者，因匈奴犯猾而探求也。」[4]司馬遷說：「然匈奴貪，尚樂關市，嗜漢

1　　《漢書》卷九四《匈奴傳》，第 3797 頁。
2　　《淮南子·原道訓》卷一，中華書局 2005 年版，第十六頁。
3　　《鹽鐵論·備胡》，第 42 頁。
4　　賈誼：《新書》卷四《匈奴篇》，上海古籍出版社 2013 年版，第 743 頁。

財物，漢亦尚關市不絕以中之。」[5]匈奴需要用畜產品來交換中原的糧食、鐵器、銅器、馬具、工具、服飾等等。游牧民族這種交換，大多是為了得到生產和生活的必需品，並不是從中販運牟利。至於匈奴上層統治者所需要的奢侈品，也是通過關市換回的，如金銀器皿、絲綢織物，主要也是為了自用。在歷史文獻的記載中，我們還未發現有匈奴商人販運大量絲綢到西方貿易的資料。相反，在諾顏山匈奴古墓中，倒發現了希臘出的絲織品。[6]說明匈奴的統治上層不僅從中原換回絲綢，也從西邊換回絲綢織品，因此，我們不能把匈奴這個游牧民族的一些交換活動歸結為主要是絲綢貿易，更不能由此推導出匈奴為掠奪絲綢而發動戰爭。

二

上已論及，張騫西行是出於政治、軍事的目的，同絲綢貿易無關。那麼，從張騫以官方使者的身分鑿通這條古代東西方陸路通道以後，商業貿易是否是這條通道的基本內容呢？這也是與上面曾涉及的問題相連繫的，即西漢王朝出兵攻打匈奴和西域是否是為了打通商路？為了回答這一問題，我想簡單地剖析一下漢唐時期社會經濟的發展狀況是十分有益的。

中國自周秦進入封建社會之後，同世界各民族一樣，都是自然經濟占絕對的支配地位。所謂自然經濟，指的就是農民不但生產自己所需的農產品，而且也生產自己所需要的大部分手工業品。地主從農民那裡剝削得來的地租，也主要是自己享用，並不是拿到市場上去交換。這也就是說，以交換為目的的商品生產，在中國封建社會裡是不

5　《史記》卷一一〇《匈奴傳》，第2905頁。

6　林幹：《匈奴社會制度初探》，載《蒙古史論文選集》第五期，呼和浩特市蒙古語文歷史學會，1983年，第73頁。

發達的。

中國封建社會的經濟結構，主要是農民的個體所有制和大地主土地所有制相結合。幾千年來，農民的個體經濟，大體上就是以一家一戶為單位過著男耕女織的生活。男耕得糧，女織有布，農業與家庭手工業緊密結合在一起，解決了自身的吃穿問題，除了鹽、鐵之外，很少與市場連繫。這種個體的小生產者從戰國時期「一夫挾五口，治田百畝」，「農事」與「女工」並舉[7]，到秦漢時期「農人納其獲，女工效其功」[8]，以及唐代白居易所說「桑麻青氛氳，機梭聲札札」，「家家守村業，頭白不出門」[9]，明清時期江浙一帶「耕稼紡織，比屋皆然」，都說明自給自足的小農經濟是普遍存在的，它在中國封建經濟生活中是最基本的生產單位。

不僅是個體生產者與市場很少連繫，封建地主的田莊也是一個自給自足的經濟單位。從《四民月令》裡所描繪的漢代地主莊園內自給自足的景象，到魏晉《顏氏家訓》中「閉門而為生之具足」，唐代柳宗元說的「樹之谷，藝之麻，養有牲，出有車，無求於人」[10]，都說明了這一點。即使到了封建社會的末期，明、清兩代的地主大多還是住在農村，仍按自給自足的辦法來安排生產和生活，就是居住在城市的官僚地主，隨著商品經濟的發展，已開始收貨幣地租，在城市用貨幣購買消費物品，但自己所吃的糧食，仍多是從鄉間田莊裡運來的。《紅樓夢》裡烏進孝送米給賈府食用就是一例。

農民和地主都是自己生產、自己享用，很少用來交換，所以，在

7 　《漢書》卷二四《食貨志》，第 1125 頁。

8 　《鹽鐵論・本議》，第四頁。

9 　白居易：《朱陳村詩》，載《白居易集》，中華書局 1979 年版，第 184 頁。

10 　柳宗元：《送從弟謀江陵序》，載《柳宗元集》，中華書局 1979 年版，第 633 頁。

中國的封建社會裡，商品經濟雖然有緩慢的發展，但總起來說，自然經濟仍居於絕對的支配地位。

如果說封建經濟結構是限制商品經濟發展的根本原因，那麼，封建政權所推行的抑商政策是直接扼殺商品經濟的屠刀與繩索。歷代封建統治者為了維護「上下有序」的等級制度，為了鞏固自己的統治地位，總是反對任何的社會變革，反對任何的動盪和騷亂。他們需要的是保守、安定，甚至是靜止、凝固的社會狀態。而商品經濟卻是社會最活躍的因素，因商品經濟的發展，會引起社會的兩極分化，貧富不均；因商品經濟深入農村，就會加劇土地兼併，農戶流亡；因商品經濟的侵蝕，會敗壞封建吏治，出現奢侈的作風。因此，歷代統治者都實行重農抑商的政策，抑制商品經濟的發展，抑制土地兼併，讓社會保有較多的獨立農戶。有關重農抑商的言論和政策，自秦漢至明清，可謂史不絕書。為了抑商，統治者不單是在政治上加以限制，同時還在經濟上推行了一系列的政策，例如實行禁榷制度，壟斷人民生產、生活的必需品，如鹽、鐵、酒、茶等由政府專賣；實行土貢制度，使各地土特產不進入流通市場；設立官府作坊，滿足統治者自身消費需要，限制民間工商業的發展。

在以上兩個條件下，中國封建社會裡商品經濟的發展是極其緩慢的，也是極為薄弱的。在這樣的社會裡，它根本不可能有大宗物品的輸出，更不可能像現代資本主義國家那樣，需要尋找商品市場和原料產地。一些同仁將現代資本主義經濟發展的規律強加到封建社會身上，把漢武帝聯絡月氏、打擊匈奴說成是「打通商路」，應該說是沒有根據的。當時的漢王朝既沒有大宗商品的輸出，更不需有商品的市場。

因為涉及「打通商路」的問題，我們也不得不討論一下古代中原王朝與西域各國之間的關係。

現代資本主義國家為保持國內經濟繁榮，獲取更多的利潤，不斷擴大再生產，總是要尋找推銷自己商品的市場，甚至不惜用武力手段來達到這一目的。但是，中國古代中原王朝與西域各國的關係卻完全與此不同。當時中原王朝將勢力擴展到西域地區，主要是為了政治和軍事的目的，即所謂的招徠撫遠，揚威遠略，圖制夷狄，鞏固邊防。在經濟上，不僅是無利可圖，相反地，倒是增加了國家的負擔。有關這一問題，史書上多有記載，如漢對匈奴，班固就以為「其地不可耕而食也，其民不可臣而畜也」。漢進西域，雖然得到了良馬和珍貴的奢侈品，但「賂遺贈送，萬里相奉，師旅之費，不可勝計」，以致於「民力屈，財用竭，因之以凶年，寇盜並起」。[11]唐征突厥、高昌，軍事上取得了重大勝利，而經濟上卻損失甚重。褚遂良即對唐太宗說過：「陛下誅滅高昌，威加西域，收其鯨鯢，以為州縣。然則王師初發之歲，河西供役之年，十室九空，數郡肖然，五年不復。」魏徵也說到，唐得高昌，「常須千餘人鎮守，數年一易，每來往交替，死者十有三四，遣辦衣資，離別親戚，十年之後，隴右空虛，陛下終不得高昌撮谷尺布以助中國」[12]。故唐代許多政治家稱西域為「石田」，無所收穫。如果只算經濟賬的話，漢唐經營西域，是得不償失。如從政治、軍事角度衡量，對漢唐來說，擴展了勢力，安定了邊境；對西域來說，改變了分裂割據狀態，促進了民族融合與地區統一，有利於西域地區的開發和經濟、文化的交流，這些都是具有深遠的歷史意義的。

說到經濟利益，許多學者為了證明這條通道本質是一條商路，因而列舉了中原王朝與西域各國貿易的情況，如關市交易、朝貢回賜、商人販運等等。當然，漢唐帝國同西域地區是有貿易往來的，但值得

11　《漢書》卷九六《西域傳》，中華書局 1962 年版，第 3929 頁。

12　吳兢：《貞觀政要》卷九《安邊第三十六》，上海古籍出版社 1978 年版，第 278 頁。

我們注意的是：這些貿易都是嚴格地被控制在封建政權允許的範圍之內的，它主要還是為封建政治服務的。在漢代，邊境上的關市貿易，是由朝廷指定官員用黃金、絲織物等換取游牧民族的馬、騾及毛織品，大多是供官府的需要。私商貿易，則禁止鐵器、銅錢輸出，並且還需官府給予憑證方可交換。至於朝貢與回賜，則只是兩方統治階級之間的交換罷了，很難說它具有完全的商品經濟的意義。到了唐代，貿易數額還超過以前，但官府的控制也更加嚴格了。官方交易，據《白氏六帖》所引《關市令》：「諸外蕃與緣邊互市，皆令互官司檢校。其四壁穿塹，及立籬院，遣人守門，市易之日卯後，多將貨物畜產俱赴市所，官司先與蕃人對定物價，當後交易。」所市牛馬，都需具歲齒膚色，上申朝廷，上等的輸送京師。邊境少量的交易，可補充地方所缺。至於私人貿易，按《唐律疏議‧衛禁》所說，往來關禁，需有「過所」（即官府所給的通行證），「依關市令，錦、綾、羅、穀、紬、綿、絹、絲、布、犛牛尾、真珠、金、銀、鐵，並不得度西邊、北邊諸關」。「若將度西邊、北邊諸關，計贓減坐贓罪三等。」還規定：「諸越度緣邊關塞者，徒兩年。共化外人私相交易，若取與者一尺，徒兩年半，三匹加一等，十五匹加役流。」即使因公奉使入蕃，蕃人奉使入國，也不得私有交易，「因使私有交易者，準盜論」。這些嚴格的規定，說明邊境貿易完全控制在官府的手中。唐代雖然也曾允許胡商來內地興販，有的甚至在內地列肆經紀，但這種民間的交往畢竟是十分有限的。

　　三

　　對於這條我們稱為「絲綢之路」的古代通道，不能因為有「絲綢」兩字就說它主要是為了輸出絲綢，因為官方和民間的貿易存在，就稱之為「主要是商路」，開拓這條路就稱之為「打通商路」。實際上，無

論是漢代或者是唐代，這條通道的主要的積極作用還是在政治和軍事方面。這條通道是出於政治、軍事目的開拓的，也正是這條通道加強了中原與西域各地的連繫，促進了民族融合和經濟、文化交流，增進了中國人民與西方各國人民的了解和友誼。當今天我們估價這條古代中西通道的歷史功績時，我以為不能把商業貿易估價得太高，更不能把它說成「本質上是一條商路」，或者說「商業貿易是其最基本的內容」。

也許有些同仁出於同樣的理由，把這條古代通道稱之為「宗教之路」，或者叫「文化交流之路」、「民族友好之路」。我以為這也是非常貼切的。

說這條通道是條「宗教之路」，當然是有其根據的。中國四大宗教，即佛教、道教、伊斯蘭教、基督教，其中除道教為中國土生土長之外，其他三種都由這條通道傳來。佛教的傳入，從這條通道上石窟寺的修建和歷史上高僧西行求法等事蹟即可找到解答。伊斯蘭教的傳入，許多人以為最早是由海路傳入的，但中國西北部有眾多的伊斯蘭教信徒，應都是由這條陸路通道傳來的。特別是蒙古人三次西征，將中亞的許多伊斯蘭教教徒遷至中國，強迫他們參加戰爭、屯田，以至教徒遍布全國各地。基督教的一個分支叫景教，是唐代貞觀年間由傳教士阿羅本自大秦傳至長安的。留在今西安市碑林內的「大秦景教流行中國碑」是基督教由這條通道傳入中國的最有力的證明。除了以上三種宗教之外，由這條通道傳來的還有祆教（即拜火教）、摩尼教。有這麼多的宗教傳入，而且這些宗教傳入後對中國社會各個方面都有過巨大的影響，人們把這條通道稱之為「宗教之路」，我以為也是未始不可的。

稱這條通道為「文化交流之路」，則更是言之成理的。在宋代海上

交通發展起來之前，中原與西方各族的交流都是通過這條通道進行
的。這種交流，不僅有宗教哲學的東來，傳統儒家文化的西傳，也有
音樂舞蹈的交流、科學技術的交流、動植物品種的交流、土特產的交
流等等。這些交流雖不是一起東來西去的，是長時期不斷交流的結
果，但這些交流豐富了中國和西域各國人民的文化生活，促進了社會
的發展。今天我們如把它稱之為「文化交流之路」，也是非常合適的。

　　至於稱之為「民族友好之路」，我們也是完全可以理解和接受的。
因為在海路開通之前，中原王朝對西方各族的了解都是通過這條通道
取得的。從張騫、班超出使西域所取得對西方各族的了解，到以後隋
代裴矩有《西域圖記》、唐玄奘《大唐西域記》，以及元意大利人馬可‧
波羅所作的《遊記》等著作，皆是中國人民與西方各族人民友好往來
的記錄，為相互了解、增進友誼都曾起過重要的作用。

　　對於這條古代的陸路通道，人們從不同的角度考察，因而有各種
不同的想法和稱呼，應當說都是有一定根據和理由的，現在，「絲綢之
路」的名稱已為世界各國學術界及人民所接受，用這一名稱也是非常
形象、非常生動的，沒有必要進行改變和更動。只不過在我們運用這
一名稱時，不能作一些漫無邊際的推論，以免產生許多歷史的誤會。

　　歷史是不斷進步的。在我們實行改革、開放的今天，古代的這條
通道上已接通了鐵道，這就賦予它更重要的歷史使命。便利的交通不
僅能更快地增進中國與中亞、西方各國人民的了解和友誼，而且，利
用這一有利條件，互通有無，促進經濟、文化交流，發展商業貿易，
加快中國西部的開發，也已成了擺在我們面前的一個最現實的課題。
我們衷心祝願古絲路在新的時代、新的條件下取得新的巨大成果。

（原載《蘭州商學院學報》1992 年第三期）

古代河西的興衰

一

河西因在黃河以西而得名，又因它夾在祁連山與走廊北山之間，形成一條長一千多公里、寬一百公里或僅數公里的天然狹長地帶，猶如一條長廊，故稱河西走廊。

河西走廊的歷史最早見於史籍的是《尚書》的《舜典》、《禹貢》等篇。其中有三危、黑水等名，後人指為今張掖黑河及敦煌三危山，其說不一定可信。但根據考古發掘，河西早有人類在此生息。僅武威地區，現發現的新石器遺址就有皇娘娘臺、鴛鴦池、營盤梁、張家臺、羅家灣、海藏寺、瓦罐灘、二壩、三角城、小崖子、王景寨等十餘處。在酒泉地區，則有聞名中外的「火燒溝類型文化」。這一類型的文化遺址，在山丹、民樂、酒泉、玉門等地均有發現。

戰國以前的河西，是羌、戎等少數民族活動的地區。到戰國、秦漢時期，月氏、烏孫和匈奴是河西的主人。後來月氏強大，趕走烏孫，成為河西的統治者。一九五七年在玉門騙馬城新石器遺址出土了一批夾沙的紅褐色或灰色平底的陶器，人們推測是秦漢以前烏孫或月

氏人在這裡活動的遺物。

　　月氏占有河西后，一度非常強盛。大約在秦朝時，匈奴頭曼單于曾把太子冒頓送至月氏作為人質。後來冒頓逃歸，殺父自立，打敗月氏，迫使月氏西逾蔥嶺，進入今阿富汗境內。殘留在河西的部分號稱小月氏。自此匈奴遂占有整個河西走廊，由右賢王部下的休屠王、渾邪王管轄。至今聞名中外的祁連山，據說是匈奴人命名的。「祁連」即「天」的意思，因其高入雲霄，故名祁連山。[1]涼州武威縣，原名姑臧，據說亦為匈奴語「蓋藏」的轉音。[2]

　　秦末漢初，匈奴東滅東胡，西滅月氏，南破樓蘭、白羊，北服渾庾、丁零，擁有「控弦之士三十餘萬」[3]，建立起東起東北、西達新疆的強大的奴隸制游牧國家，時常侵擾漢朝邊境。特別是在占有河西以後，實力大為增強，直接威脅著漢王朝的腹心地區，即關隴地區。西漢初年，由於國力不強，統治者無力反擊，只能採取和親的辦法，給匈奴貴族送去大量的絲織品及酒食，藉以求得邊境的安寧。但事實上這並不能滿足匈奴貴族的貪慾，他們仍是連年南下，騷擾漢境。直到武帝時，他憑藉著漢初幾十年休養生息而大大增強了的國力，開始了對匈奴大規模的反擊戰。

　　漢武帝反擊匈奴的戰爭，主要有三大戰役：河南之戰、河西之戰和漠北之戰。發生在河西的這次戰爭，是在元狩二年（前121）。這年春天，驃騎將軍霍去病統率萬騎出隴西，從青海的東北部進入河西，轉戰六日，過焉支山千有餘里，俘獲渾邪王的王子和休屠王的祭天金人。這年夏天，霍去病與公孫敖再次出擊河西，霍軍出北地，「涉鈞

1　《漢書》卷五五《霍去病傳》，第 2481 頁。

2　張澍：《西河舊事》，《叢書集成初編》本，中華書局 1985 年版，第一頁。

3　《漢書》卷九四《匈奴傳》，第 3750 頁。

者，濟居延」，再由北向南一直打到祁連山；公孫敖出隴西，可能是擬經青海，翻越祁連山進入河西，與霍軍進行南北包抄。由於公孫敖軍迷路失道，未進入河西，霍軍則按原定戰略取得了很大勝利。在考察中，我們到達了民樂縣的扁都口和永固城。永固城在漢代叫漢陽城，是歷代屯兵要地。在今永固城東面，有一古城遺址，當地群眾叫做霍城或八卦營，說是當年霍去病屯兵的地方。自古以來，由南邊進入走廊，多走扁都口一線。霍去病第一次由南邊進入河西，大概就是經過扁都口，在永固城一帶屯兵完全是有可能的。

漢軍的勝利，促使匈奴內部的分裂。匈奴單于遷怒於渾邪王和休屠王，欲召誅之，於是兩王懼而降漢。休屠王中間反悔，為渾邪王所殺。渾邪王帶了四萬部眾入塞，被安置在隴西等沿邊五郡塞外，稱「五屬國」。河西自此歸漢統治。漢王朝先在這裡設立了武威、酒泉二郡，後又分置張掖郡和敦煌郡，史稱「河西四郡」。四郡共轄二十五個縣。

河西歸漢是河西史上最重大的事件。漢朝為經營這一地區，先後組織了幾次大規模的徙民活動，把中原地區的貧民和「罪犯」徙來河西。據《漢書·地理志》所載，河西四郡當時有戶六萬一千餘，口二十八萬餘。如果再加上屯田的士卒，估計整個河西大約有四十萬人左右。大量勞動力的進入，加以他們帶來中原人民豐富的生產經驗和技術，大大地促進了河西地區的開發。

西漢王朝在河西地區的屯田，可分為軍屯和民屯兩種。軍屯由戍邊士兵所種，收穫交公，衣糧由國家供給；民屯則由徙民所種，向國家交納地租。當時屯田是很有成績的。首先，西漢在這裡曾興修過規模比較大的水利工程。據居延發現的漢簡，就有甲渠、臨渠、廣渠等名稱，還有專門從事治渠引水的「河渠卒」。《史記·河渠書》也提到「河西、酒泉皆引河及川谷以溉田」。其次，是在這裡推廣先進的耕作

技術。漢武帝末年，趙過發明的代田法，就是首先在邊郡和居延城推廣的。居延漢簡有「代田倉」的名稱，大概就是專門收藏代田法所獲糧食的倉庫。再次，從屯田的收穫量來看，數量也是很大的。屯田所得糧食，除自給以外，還有剩餘。有一漢簡記載，漢元帝時內地遇災，還曾調發居延糧食前去接濟。居延如此，河西其他屯區亦應大體相似。

秦代長城沒有修到河西，漢得河西后，為防止漠北的匈奴，在走廊的北邊修築了一條與走廊平行的長城。立郡之初，即修築了令居塞，從今甘肅永登縣修築到酒泉。以後，又修築了酒泉與玉門間、敦煌與鹽澤間的邊塞，在居延還修築了遮虜障。這次考察，在玉門關附近看到了一段保存較完好的長城，由蘆葦夾沙石築成。蘆葦和沙石每層的厚度為二十至三十釐米左右。雖經兩千年風雨蝕剝，這段長城還高有三米多，底亦有三米寬，頂上最寬處亦有一米左右。築城蘆葦是從附近沼澤中取來的。在玉門關與陽關之間，平漠無邊的戈壁上還有一條隆起的沙石壟，平均高約零點三米，當地同仁也認為是漢代所築的長城。

漢代除在河西修築長城外，在整個軍防系統中，還有關隘和烽火臺的設置。關隘主要是玉門關和陽關，兩關是河西通西域的兩個門戶。我們這次到了小方盤城和古董灘。小方盤城一直被國內外學者定為漢代的玉門關遺址，現在保存尚好，四壁多是夯土版築，高約十米，占地約六百三十平方米。此城規模很小，是否是玉門關遺址，頗有懷疑。甘肅考古隊據近年發掘，認為玉門關不在小方盤，而應在馬圈灣附近。陽關遺址坐落在古董灘的高土臺上，規模更小於小方盤城，現尚有夯土殘留遺址。我們認為這一土臺僅是漢代的一個烽火臺遺址。至於陽關確切地址，尚有待進一步發掘與研究。

漢代烽燧遺址保存得較多的亦在敦煌，據調查，敦煌境內有七十餘座。我們見到的，以小方盤城西約二公里處的一座較為完好，也由蘆葦夾土坯築城，殘存的有十三層。遺址南邊有五堆柴草，都是蘆葦、紅柳或胡楊樹枝。據居延發現的《塞上烽火品約》，這些柴草應叫「積薪」。敦煌市博物館陳列了從烽火臺內取來的一束束蘆葦火把，長的有二點八五米，小的只幾釐米，這大概就是叫做「大苣」、「小苣」的報警燃料。

在漢代，移民、設郡、設防、屯墾這四者是連繫在一起的，這也正是漢代河西得以開發並有很大發展的重要原因。

在河西地區，西漢的墓葬群也很多。張掖黑水國附近及武威亂墩子灘等地都有上千個西漢墓。在眾多河西的漢墓中，曾出土了大量的漢簡、絲織品、陶、木等器物。武威磨嘴子漢墓群曾出土了大批木簡，其中六號墓出土的四六九枚木簡，共有二萬七千多字，是完整的九篇《儀禮》，為中國古文字及古籍校勘提供了重要的資料。六十二號墓出土的木質儀器式盤，是一九四九年以後第一次發現的古代天文儀器。另外還有銅飾木軺車以及十多種花紋精緻、經緯細密的絹、錦、紗、羅等殘片。這些文物的出土，説明西漢時期的河西是一個經濟、文化較為發達的地區。

西漢末年，中原大亂，河西卻是一個相對安定的地區。竇融就是因為「河西殷富」，是個避亂「遺種」的好地方，才要求出任張掖屬國都尉，後來被推舉為河西五郡（包括金城郡）的首領。在竇融統治下的河西，光武帝曾説它是個「兵馬精強，倉庫有蓄，民庶殷富」的區域。[4]在光武帝出兵西擊割據隴右的隗囂時，竇融全力支援，在東漢王

4　《後漢書》卷二三《竇融傳》，第799頁。

朝統一的過程中起了重大的作用。

東漢初年，竇融去洛陽以後，任延為武威太守。他在武威建立學校，獎勵耕墾，興修水利，整修武備，起到了很好的作用。河西當時乃是一個殷富的區域。但是，到漢明帝（58-76）以後，開始是北匈奴的騷擾，繼之是東漢王朝鎮壓羌族人民反抗鬥爭的十餘次戰爭，「并、涼二州，遂至虛耗」[5]，使河西經濟、文化發展受到了嚴重的影響。《續漢書·郡國志》所載漢順帝時河西僅有四萬多戶，十六萬多口，比西漢時減少了三分之一，可見是在逐漸衰落下去了。

在我們這次考察中，曾見到了許多東漢時期的墓群和文物。張掖黑水國遺址中有一大批是東漢時的墓葬，在這裡出土過一些陶灶、陶雞窩等。酒泉博物館曾展出了東漢時期的銀釉陶壺、銅連枝燈、羽人燈、神獸鏡等等，造型優美，製作精巧，反映出東漢時期河西地區手工業的發展已有了很高的水平。特別是一九六六年發掘的武威雷臺下的東漢晚期大型磚墓，出土了金、銅、鐵、玉、骨、陶、石等器物二百三十一件，其中銅器一百七十二件。最精緻的是一套銅鑄的武裝車馬出行行列，有俑四十五個，馬三十九匹，車十四輛，牛一頭。聞名中外的銅奔馬就是從這個磚墓出土的。此馬一足踏飛燕，三足凌空，昂首翹尾，奔突向前，是中國罕見的古代藝術珍品。這座墓中出土的立俑、騎俑的身上，刻有「張氏奴」、「張氏婢」、「御奴」、「車奴」等字樣，隨葬的還有一座高大的釉陶樓院，周有圍牆，四角有角樓，儼然是東漢晚期的一個地主莊園，它是研究東漢晚期河西階級關係最形象的資料。東漢晚期，戰亂不止，各地豪強地主趁機兼併土地，攫取勞動力，迫使他們變成具有強烈的人身依附關係的私附和部曲，建立

5　《後漢書》卷七八《西羌傳》，第2891頁。

起所謂壁、塢、堡、壘的地主莊園，橫行鄉里，割據一方。魏晉時期長期的分裂割據，就是在這一經濟結構的基礎上形成的。河西地區出現的這種典型的地主莊園，也就為魏晉時期的河西能出現許多割據政權提供了經濟基礎。

二

自東漢鎮壓羌人戰爭以後，戰禍頻繁，河西受到極大的破壞。到曹魏初年，河西先後又有張進、黃華、麴演、伊健妓妾、治元多等的叛亂，河西大擾。魏明帝太和年間，倉慈為敦煌太守，史稱：「郡在西陲，以喪亂隔絕，曠無太守二十歲，大姓雄張，遂以為俗」，出現了「舊大族田地有餘，而小民無立錐之地」的狀況。[6]這時河西的人口也急遽地下降。《三國志》無河西戶口的記載，但與毗鄰的金城郡相比，可知大概。東漢順帝時，金城郡有戶三千八百多戶，而到曹丕稱帝，蘇則為金城太守時，卻是「戶不滿五百」了。後經蘇則「內撫凋殘，外鳩離散」，經多方努力，也只到達了一千戶[7]，只有東漢時的三分之一。估計河西各郡情況也應大致相似。由於戰亂和豪強地主的阻撓，兩漢以來繁榮的中西交通，這時也處於不絕如縷的狀態之中。

西晉建立後，全國出現了短期的統一，河西也得以相對安定。據《晉書‧地理志》記載，涼州八郡四十六縣，有戶三萬零七百，除去不屬於河西的金城郡和西平郡的六千戶，河西實有二萬四千七百戶左右，以每戶五口計，則應有十二萬人。與曹魏時比較，人口顯有回升，這在一定程度上也說明河西地區的經濟有所恢復和發展。

西晉統一極其暫短，很快即進入了一個大分裂的時期。這時的河

6　《三國志》卷一六《魏書‧倉慈傳》，第512頁。

7　《三國志》卷一六《魏書‧蘇則傳》，第491頁。

西，先後出現了五個稱「涼」的政權。據現有資料來看，在前涼和前秦統治時情況較好。前涼張氏統治河西時，當時有民謠説：「秦川中，血沒腕，惟有涼州倚柱觀。」[8]社會相對安定的局面，招來了中原大量的流民。前涼政權在其初期還推行輕徭薄賦、勸課農桑和注意興修水利等政策，如在敦煌地區就興建了北府渠、陽開渠、陰安渠等等，使百姓蒙受其利[9]，因此經濟情況較好。到前秦滅掉前涼，苻堅雖曾將河西七千餘戶「豪右」遷往關中，但又從江淮及中原地區遷來一萬七千餘戶，從戶口來説，可能比前涼還要稍多一些。這時的中西交往也比以前有所發展，西域各國都曾派使者前往長安朝貢。

淝水之戰後，前秦崩潰，被苻堅派去征討西域的呂光在東還時占有河西，建立了後涼政權。河西自此進入長期動盪不已、災荒連年的時代。後涼統治十分殘暴，史稱：涼州百姓「饑饉流亡，死者大半」[10]。僅呂隆統治時（401-404）的一次災荒，姑臧一帶餓死的就達十多萬人。後涼亡後，河西出現了南涼、北涼和西涼三個並立的割據政權。這些統治者儘管口頭上也説要恢復和發展生產，但由於不斷的混戰，加以戰勝者總是千方百計地掠奪人口，廣大人民被逼得流離失所，根本無法從事生產。所以到北魏取得河西時，河西已是地曠人稀，一片荒涼了。這時河西的人口，據《魏書·地形志》的記載和推算，大約亦只七千來戶，比西晉又相差得很遠了，從此也可見河西破壞的嚴重。

北魏在孝文帝時推行均田制度，對河西的恢復起了很大的作用。

8　《晉書》卷八六《張軌傳》，第 2229 頁。

9　羅振玉：《鳴沙石室佚書正續編·沙州圖經殘卷》，北京圖書館出版社 2004 年版，第 292-295 頁。

10　《晉書》卷一二二《呂隆載記》，第 3069 頁。

據《隋書‧地理志》所載，河西有三郡，二萬五千戶，這應當是推行均田制以後發展起來的。這時的中西交通也日趨頻繁，僧侶、商人、使臣往來於河西走廊的史不絕書，其著名的僧侶就有竺法護、法顯、鳩摩羅什、師賢、曇無讖、曇耀、智猛等等。早在魏太武帝太延年間（435-440），西域十六國使者即來到平城（今山西大同）。其後使者不絕，每年都有數十次之多。至於商旅往還，這時也日見增多，《周書‧異域傳》有「商胡販客，填委於旗亭」的描寫。北周時，瓜州曾發生了一次張保的變亂，據《周書‧令狐整傳》說，州人推波斯主張道義來主持州事。張道義可能就是一位主持與胡商交易的頭面人物，讓他來管理州事，瓜州胡商看來是一定很多的，貿易也一定比較繁榮。

魏晉時期的河西雖不及兩漢時繁榮，留下的文物卻比較多，著名的有酒泉、嘉峪關的畫像墓磚及石窟寺等等。這些文物可補史籍的不足，加深我們對魏晉南北朝時期河西歷史的認識。

嘉峪關的畫像墓磚是一九七二年在該市新城公社躍進大隊的魏晉墓中清理出來的。這些畫磚多嵌在墓的前室四壁、中室東西兩壁及後室的後壁上。畫面多用白灰作底色，用墨線勾勒輪廓，然後用赭石、白、石黃、淺石綠、淺赭石等色填補而成。磚畫反映的內容比較廣闊，有反映當時農業、畜牧生產的，如耕種圖中，上下畫有雙套牛兩對，四男駕牛，前兩套犁地，中二女持鉢播種，後兩套糯地，同今天河西地區的耕作程序基本相似。打場、揚場的磚畫有好幾幅，都是畫農夫、農婦持杈揚場或用連枷打場，同今天河西有的地區農民打場完全一樣。畜牧畫中畫有一牧童放著二頭牛、十二頭羊。現在河西的蠶桑業很少，磚畫則畫有採桑、蠶繭的圖畫，說明當時河西還有絲織業的生產。這些磚畫既反映了魏晉時期勞動人民進行生產的情況，也為研究當時的生產工具、生產技術提供了形象的資料。還有一幅屯墾的

磚畫，上部畫一騎馬武官與兩排持盾扛矛的武士在行進，下部畫有二套牛在耕地，前一套耕者為一短衣窄袖、寬褲、辮髮的少數民族。西漢以來，河西就是著名的屯田區，魏晉時期，屯墾規模雖然縮小，但割據者仍在這裡屯墾則應是肯定的。兩漢屯墾主要的是戍卒和徙民，畫磚表明，這時少數民族人民也成了屯墾的主要勞動力了。這種變化，應是東漢中期以來周邊各族人民不斷內徙的結果。自那時起，河西即成為一個民族雜居的區域。氐族呂光建立後涼，鮮卑族禿髮烏孤建立南涼，盧水胡沮渠蒙遜建立北涼等政權，正是民族融合及鬥爭中的必然產物。河西的開發與發展，應該認為是河西各族勞動人民共同勞動所取得的成果。

除上述內容外，磚畫中還出現了魏晉時期史籍中常見的稱作「塢壁」的地主莊園，其中一幅還用朱紅色標寫出「塢」字。塢四周有高牆，塢內有高層碉樓或望樓、敵樓。塢外有半圓形的帳篷，好像是家奴的住處。磚畫還反映了塢內主人在奴婢侍奉下宴飲享樂的情景，有殺牛、宰豬、烤肉、烹調、進食以及彈奏、歌舞的場面。這正是當時階級對立的真實寫照。從磚畫我們可以看到，塢主既有大量的土地和牲畜，也有大量的依附農民和從事家內勞動的奴婢。東漢以來，正是由於這種自給自足、號稱塢壁的地主莊園的發展，才出現了魏晉時期生產發展緩慢、商品經濟蕭條和割據政權迭興的局面。

魏晉墓葬中保存得最完整的是酒泉丁家閘五號墓。該墓的壁畫同樣也是反映上層統治階級燕居行樂的情景。據一些同仁推測，這是五涼時期一個王侯的墓葬。墓室中的壁畫分天上、地下、人間三個部分。天上畫的是日、月、東王公、西王母、羽人、三足鳥、九尾狐等道教仙人及神禽異獸；人間則是反映墓主生前的財富和生活享受的場面，如農牧蠶桑生產、庖廚飲宴、伎樂百戲等等；地下畫的則是負重

神龜。從藝術角度看，這座墓的壁畫筆力剛勁，技法嫺熟，比嘉峪關磚畫有更高的藝術水平。這些磚畫和壁畫，不僅是研究這一時期河西歷史的直接資料，對研究當時的思想意識、美術音樂的歷史也有極高的參考價值。

在這一時期的文物古蹟中尤其要值得注意的是，河西從這時開始出現了許多的石窟寺。自東漢時期佛教傳入中國以後，它就沿著絲路不斷東傳。到十六國時期，一方面是由於統治階級的提倡，同時也因為連綿不斷的戰爭給人民帶來了極大的苦難，對現實的失望，使廣大人民把希望寄託於來世，因此，宣揚「人生皆苦」、「屈辱忍讓」、「三世輪迴」、「因果報應」的佛教便得以在南北流行起來。河西作為中西交通的必經通道，佛教西來，首先傳到河西，到十六國時佛教已在河西廣為傳播了。前涼統治時，據《魏書‧釋老志》所説，敦煌地區已是村塢之間多有寺塔，而到北魏取得河西，佛教則有了更進一步的發展。它在河西與漢族的文化交流、融合，從而在這里根植生長，開放出一朵朵茂盛的佛教藝術之花。河西的石窟寺，無論在數量上還是藝術價值上，在全國可以説都是首屈一指的。

河西的石窟寺，最早有紀年可查的是前秦建元二年（366）創建的敦煌莫高窟。十六國及北朝時期石窟的建築形式、造像、壁畫的特點是，窟內有中心塔柱和禪窟，佛像有高鼻深目的形象及有垂肩的髮綹和交腳而坐的格式。這些都明顯地帶有印度和中亞的風味。至於壁畫，則多是本生故事及佛傳故事。但是，也就在這些早期的石窟中，我們也看到了道教神話中的仙人形象，如東王公、西王母駕龍車、鳳車出行，還有伏羲、女媧、雷公、雨師等等。佛、道同居於一窟，這正是中西文化交流融合的最有力的證據。

魏晉時期佛教雖在河西廣泛流傳，但從當時的墓葬中來看，卻往

往只有道教題材的壁畫，沒有佛教的題材。上述丁家閘五號墓是這樣，敦煌佛爺廟新近發掘的記有前涼、後涼、北涼、西涼年號的一些陶片上，也都是寫的「急急如律令」等道教咒語，沒有佛教影響的痕跡，是否可以這樣認識：佛教雖已在人世廣泛流行，但還未進入地下，在墓室中占統治地位的依然是中國傳統的道教神話。

儘管這次考察所見的這一時期文物大都是與佛道有關的，但絕不是說在思想意識領域裡佛道已占了統治地位，占統治地位的依然是中國傳統的儒學。自西晉末年中原大亂以後，河隴學者多來河西避難，司馬光就說：「永嘉之亂，中州之人避地河西，張氏禮而用之，子孫相承，故涼州號為多士。」[11]前涼張氏和西涼李氏本是漢族，重視儒學自不待言，就是建立南涼的禿髮烏孤，建立北涼的沮渠蒙遜，為了統治的需要，也不得不重視儒學。這批河西學者不僅為保留中原傳統的儒學作出了貢獻，而且，他們反過來還影響著中原文化的發展。如前秦時，洛陽、關中的千餘生徒就是跟著河西學者胡辯學習的。北魏統一北方後，河西學者如趙逸、劉昞、胡叟、江式、闞駰、程駿、常爽等人，都是當時著名的儒學大師。河西的儒學，一直到隋唐時期還有影響。

魏晉時期的河西古城遺址，我們只走訪了高臺縣的駱駝城。城在高臺縣西約四十公里處。其城規模很大，分外廓、宮城、皇城三重，宮城在城西角，外城北面有一條小河，是黑河的支流白水河，北牆因河水侵蝕，已經塌壞，有關部門正派兩臺拖拉機修築堤坎保護此城。高臺縣文化館的同仁認為，北涼的沮渠蒙遜曾在此建都。他們在城中曾拾得銅鏃一噸多，還發現了一枚「部曲督印」。據《晉書·呂光載

11　《資治通鑑》卷一二三，第3877頁。

記》、《晉書‧涼武昭王李玄盛傳》等記載，該城不是北涼建都之處，而是沮渠男成和段業起兵發跡的地方，即建康郡的故址。

　　三

　　隋唐時期，河西進入了它經濟文化的第二個迅速發展的時期。隋朝立國雖短，但河西卻是它與西域交市的地方，因而頗受重視。大業五年（609），隋煬帝經大斗拔谷（即今扁都口）進至張掖，高昌王、伊吾設等西域二十七國的首領、使者和商人，「佩金玉，被錦罽」，朝謁於焉支山。隋煬帝亦令張掖、武威仕女盛裝歡慶，用以表示國力的強盛，這可以說是有史以來河西的一次空前的盛會。儘管煬帝此舉是為了要粉飾昇平，誇耀外族，但如果河西當時沒有一定的經濟文化基礎，沒有繁榮的國際貿易，要想舉行這種盛會也是絕不可能的。

　　隋末唐初的戰亂，曾使河西變成了「州縣蕭條，戶口鮮少」的地方。[12]但經過唐初一百多年的安定局面，到玄宗開元、天寶年間（713-756），卻成了一個農桑繁盛、士民殷富的區域。《資治通鑑》即曾說過，當時「天下稱富庶者莫如隴右」[13]。唐在河西設有涼、甘、肅、瓜、沙五州，據新、舊《唐書‧地理志》所載，五州共有十七萬二千餘人，加上涼州境內少數族吐渾等八州府的一萬七千餘人，整個河西當時應有人口近十九萬。這一數字是兩漢以後河西人口最高的數字。

　　唐代前期河西的繁榮，我們從唐朝在這裡屯田、和糴等情況也可以看出：武則天時，陳子昂在論及甘州屯田時就說過，甘州土地肥沃，四十餘屯，「每年收穫常不減二十餘萬」[14]。甘州刺史李漢通置屯

12　《舊唐書》卷六二《李大亮傳》，第 2388 頁。

13　《資治通鑑》卷二一六，第 6919 頁。

14　《陳子昂集》卷八《上西蕃邊州安危事》，中華書局 1960 年版，第 195 頁。

開墾，「數年豐稔，乃至一匹絹粟數十斛，積軍糧支數十年」[15]。糧價
大幅度的下降，只有原來糧價的十分之一，乃至數十分之一。在推行
「和糴」法以後，天寶八年（749），唐王朝從河西收購了三十七萬一千
石糧食，占當年全國和糴總數的百分之三十二強。由此可見河西富庶
的一斑。

唐代河西的繁榮，也是與中西交通分不開的。早在隋末唐初，就
有許多西域胡人入居河西。唐初割據河西的李軌，一是利用了薛舉的
降人；二是利用了安國人安興貴、安修仁兄弟組織的胡人隊伍而取勝
的。貞觀初年，玄奘西行，他曾在涼州見到大量的西域胡商。他說：
「涼州為河西都會，襟帶西番，蔥右諸國，商旅往來，無有停絕。」[16]
當時的涼州、甘州、瓜州、沙州，都是著名的中西貿易的城市。後來
到唐肅宗至德二年（757），武威九姓胡商發動了一次叛亂，並占了武
威七城中的五城，殺死了節度使周泌，由此可見河西胡商之多、勢力
之大。

安史之亂爆發後，唐調河隴兵力東去平叛，河西空虛，吐蕃因此
乘虛而入。到唐德宗貞元二年（786），沙州陷落，河西全部落入吐蕃
之手。吐蕃當時尚處於奴隸制階段，占有河西后，河西人民很多淪為
吐蕃奴隸主的奴隸，河西經濟、文化等各方面也遭到了嚴重的摧殘。
以後，隨著吐蕃在封建化過程中所形成的封建割據的日益加劇，隨著
河西人民反抗鬥爭的不斷加強，吐蕃在河西的統治被大大地削弱了。
到唐宣宗大中二年（848），沙州張議潮領導人民起義，趕走了吐蕃勢
力，唐因以張議潮為歸義軍節度使。到咸通二年（861），收復涼州，

15　《舊唐書》卷九七《郭元振傳》，第 3044 頁。

16　慧立、彥悰：《大慈恩寺三藏法師傳》，中華書局 1983 年版，第十一頁。

河西全部光復。但是，當時唐王朝已十分衰弱，對河西亦無暇顧及，因此歸義軍實際上是一個半獨立的地方政權。到五代朱梁時，張氏之後斷絕，沙州人士因推曹議金為節度使。曹氏的統治一直到一〇三六年瓜、沙兩州為西夏攻陷才正式結束。不過，這裡要說明的是：張氏為歸義軍節度使時，其初期是統有整個河西，而到了五代朱梁乾化年間（913-915），甘州回鶻的勢力已逐漸強大起來，自稱「白衣天子」的張承奉在戰敗後，被迫稱回鶻可汗為父，歸義軍不再統有整個河西，而是僅有瓜、沙一隅之地了。曹議金大體上也是繼承了這種「父子」關係的，事實上曹氏已成了甘州回鶻的附庸。據《舊五代史‧吐蕃傳》所載，當時河西內部除歸義軍曹氏以外，甘州、肅州是回鶻的勢力，涼州則是一夷夏雜處的地區，也是「自立守將」，不受中原政權統轄的。可以這樣說，河西當時是處在四分五裂的狀態之中。到一〇二八年，西夏攻占甘、涼兩州，一〇三六年又先後攻占肅、瓜、沙三州，河西才全部為西夏占有。

隋至西夏時期的河西，我們主要參觀了一些古城遺址、唐代寫經、石碑及瓜州榆林窟、敦煌莫高窟等。

大業五年，隋煬帝西巡，經大斗拔谷而進到張掖，《隋書‧煬帝紀》說：「六月……癸卯，經大斗拔谷，山路隘險，魚貫而出。風霰晦冥，與從官相失，士卒凍死者大半。」六月凍死士卒，過去很難理解。這次我們在七月十七日到了古稱大斗拔谷的扁都口，只見兩邊山勢高峻，谷口蜿蜒曲折達四十餘公里，山崖上的小徑在某些地段僅能魚貫而過。當時河西各地的小麥均已收畢，唯獨民樂以南至谷口一帶的小麥仍青青在野。當地同仁介紹，此地氣候變化甚大，常有冰雹風雪，九月就降霜封凍。由此推想，隋煬帝於盛夏在此遭遇風雪，也完全是有可能的。

　　唐代的古城遺址，我們走訪了鎖陽城。該城原名苦峪城，向達先生認為這即是唐代的瓜州治所晉昌縣。該城位於鎖陽城鎮南壩村正南七公里處。城呈長方形，夯土版築，南北約四百七十米，東西三百三十米，城牆高處近十米。城中南北有一隔牆，將城分為兩部，西大東小。西城約十六點五萬平方米，東城約一點七萬平方米。城內雜草叢生，一片荒蕪。當地盛傳薛仁貴兵困鎖陽城的故事，說薛仁貴兵敗受困此城，士兵全靠採集城中所產的鎖陽充飢，後有救兵，才得解救。該城由此又名鎖陽城。又說，唐朝在這裡與少數民族軍隊進行過多次的戰爭，後來少數民族軍隊由祁連山口衝入，截斷城東疏勒河上游的水源，於是城被廢棄。據《唐書》記載，高宗開耀元年（681），薛仁貴確實曾被任命為瓜州長史，但兵困此城、鎖陽充飢之事，則史無記載，也許是子虛烏有。至於少數民族截斷水源一說，倒可能是真的。這裡本來是缺水的沙磧地區，飲水、耕種，全靠渠道引來祁連山的雪水，唐玄宗開元年間，吐蕃曾攻陷瓜州，毀壞了全部渠道和瓜州城。後來玄宗以張守珪為瓜州刺史，修復城池，重整水渠，人民才得安頓下來。為了感謝張守珪的德政，瓜州人民還曾「刻石以紀其事」。[17]

　　隋唐在河西留下的文物，當以壁畫和寫經為最多。莫高窟和榆林窟中絕大多數是隋至宋的塑像和壁畫。這一時期的建築形式和藝術風格與北朝時有明顯的不同。從洞窟建築來說，北魏時期那種帶有中亞風味的禪窟、中心塔柱沒有了，代之以魏晉以來宮殿形式的殿堂窟；從塑像來說，垂肩髮綹、高鼻深目或「面短而豔」的形象，被曲眉豐頰、肢體健美、色彩鮮豔、寫實逼真的形象所代替了；從壁畫來說，隋唐以前的畫面粗獷、奔放，內容多是釋迦牟尼本生故事及佛教事蹟

17　《舊唐書》卷一○三《張守珪傳》，第3194頁。

畫，給人以古拙樸實之感，而隋唐以後則日趨雍容，清新華貴，精彩絕豔，畫面多是大幅的經變，給人以富麗堂皇的印象。這些變化，當然是與隋唐時期高度發展的經濟、文化分不開的。莫高窟和榆林窟出現在河西，應該說是河西地區當時經濟、文化長足發展的一種反映。

石窟中的壁畫當然是宣傳佛教的，但壁畫中卻真實地反映了隋唐時期社會生活各個方面的情況，諸如農業、手工業生產的場面，地主莊園的規模，唐代音樂舞蹈的狀況，當時的服飾與社會風尚，民間的婚喪禮儀與官吏的出行儀仗等等，都是研究歷史的形象資料。至於壁畫上的題記，更是研究歷史，特別是研究河西地方史的最可靠的文字記載。可惜這方面研究尚不甚多，有待於今後的努力。

這次在河西考察所見的敦煌遺書，以敦煌市博物館所藏《唐書地理志殘卷》最為寶貴，可用來補正兩《唐書·地理志》及研究唐代官高利貸的概況。在蘭州及敦煌，我們還看到了數量較多的藏文寫經，大概是吐蕃占領時期的遺物，應是研究當時民族關係及吐蕃歷史的珍貴資料。可惜同行的同仁都不懂藏文，我們亟待專治藏族古代史的同仁去進行整理與研究，用以補充這方面的不足。

關於古代河西的民族關係，唐代吐谷渾在河西留下的文物值得我們注意。在武威，我們看到了弘化公主、慕容神威及大唐故武氏墓誌等七塊墓誌，還到武威城南四十里的青嘴、喇嘛灣實地觀看了出土這些墓誌的墓葬。據兩《唐書》所載，高宗初年，吐谷渾為吐蕃打敗，在首領諾曷缽率領下走投涼州。後來薛仁貴進援吐谷渾反為吐蕃所敗，吐谷渾國亡。唐在靈州特設安樂州以安置吐谷渾部眾。墓誌表明，弘化公主和慕容忠等均在靈州死後歸葬這裡的。這裡應是吐谷渾王族的祖塋。其中武氏一志，是研究武則天以後唐上層統治集團內部幾個大族關係的重要資料。

　　唐代河西的墓葬,《隴右金石錄》除收有慕容氏家族的幾塊誌以外,還有毛裕、康阿達兩塊墓誌,石碑或其抄本也僅有敦煌李府君、陰處士、吳僧統、僧洪辯及索公、楊公等幾塊。近年敦煌曾發掘了幾座唐墓,亦僅獲得幾塊蓮花磚、麒麟磚而已。不像河西的漢墓,到處皆是。河西在漢、唐兩代最盛,為什麼漢墓多,文物亦多;唐墓少,所得文物也少,令人費解,有待於今後進一步去探索。

　　吐蕃及西夏的文物在河西發現甚少。除藏文寫經、壁畫和題記,以及居延黑城子曾出土了一批西夏殘文書以外,要算武威的《重修護國寺感應塔碑》和一九七七年在武威西郊林場發掘的兩座西夏墓所得的彩繪畫版、木塔等最引人注目了。木塔塔頂書有「故考任西經略司都案劉德仁,壽六旬有八,於天慶五年歲次戊午四月十六日亡歿,至天慶七年歲次庚辰孟夏十五日興工建緣塔,至中秋十三日入課訖」的墨書。塔身有黃色書寫的梵文咒語。隨葬的還有木桌、木衣架、木寶瓶等等。這些東西應是研究西夏職官、建築藝術及文化的可貴資料。

　　自吐蕃統治河西至一一二七年蒙古占有河西,河西的經濟和文化又走了一段迂迴曲折的道路。從全國範圍來說,它已成了一個後進的地區了。關於這一點,元初著名的史學家馬端臨敏銳地指出,河西「自唐中葉以後,一淪異域,頓化為龍荒沙漠之區,無復昔之殷富繁華矣」[18]。在元代,甘肅行中書省之下,屬於河西的有甘州路、永昌路、肅州路、沙州路和亦集乃路。據《元史·地理志》,五路中僅記載了甘、肅兩路的人口。甘州路有一千五百戶,口二萬三千九百八十七;肅州有一千二百六十二戶,口八千六百七十九。而這兩路人口,還包

18　馬端臨:《文獻通考》卷三二二《古雍州》,中華書局 1986 年版,第 2537 頁。

括了元代初年統治者強行從瓜、沙兩州遷徙而來的人口在內的。[19]以此數與唐代相比，唐甘、肅兩州有戶八千五百多，元代只有二千八百多，數字相差很大，由此亦可見元代河西日見衰落的狀況。

明得河西，劃嘉峪關而守，不暇經理關外。洪武（1368-1398）末年及永樂（1403-1424）時期，在關外曾設立了七個衛所，即所謂「關西七衛」。到明英宗正統（1436-1449）以後，這些衛所在吐魯番的進逼下，全部遷入關內。在嘉峪關以東的走廊內部，明代則設有涼州衛、永昌衛、肅州衛及甘州五衛。為了確保這一邊防重地，明朝曾強迫這裡的回民遷入內地，如英宗正統中，一次把甘、涼兩州的回民一千七百餘人遷往江南。[20]但也不斷派遣大量軍隊在河西駐防屯墾。據統計，從洪武到弘治（1488-1505），涼州等十一衛有正式屯軍七萬餘人，下屯旗軍近四萬人。屯田面積最高時達二萬六千餘頃。除了下屯正軍以外，還有餘丁及正卒家屬下屯耕種。正是這些屯田軍丁及其家屬，與河西各族人民一起辛勤地勞動，使河西又逐漸興盛起來。在這一基礎上，清王朝初年又大量召民到河西屯種，如雍正（1723-1735）年間，一次就召民二千四百〇五戶至敦煌屯種。[21]同時，又實行了諸如改變涼州戍軍為屯丁，把明藩王的土地歸民戶經營，以及免除錢糧、興修水利等措施，使河西更加繁榮起來了。所謂「金張掖，銀武威」的傳說，也就從那時起一直流傳到今天。

---

19 《元史》卷一七《世祖紀》：「至元二十五年……沙州、瓜州民徙甘州，詔於甘、肅兩界劃地使耕，無力者給以牛具農器」，中華書局 1976 年版，第 366 頁。

20 顧炎武：《日知錄》卷二九，《萬有文庫》本，商務印書館 1929 年版，第 109 頁。

21 常鈞：《敦煌隨筆》「沙州」條，載《敦煌叢刊初集》，臺北新文豐出版公司 1985 年版，第 76 頁。

四

從古代河西歷史發展的進程來看，在河西歷史上曾經出現過三個波浪式的高峰：從原始社會到兩漢時期，這是河西歷史上第一個大發展的時期，前涼、前秦以後，則逐漸衰落，至北魏時成了一個地廣人稀的區域。從北魏後期到隋唐時期，河西又慢慢興盛起來，出現了河西歷史上的第二個大發展的時期，唐玄宗開元、天寶年間是其頂峰，但到吐蕃占領河西，經西夏而到元代，河西又走了一條迂迴曲折的道路，到明後期及清代初年才又有了迅猛的發展。縱觀古代河西歷史發展的進程，我們得到了以下幾點認識：

一、河西本身有優越的自然條件，它是河西得以開發和發展的最重要的條件。河西地處黃土高原，氣候乾燥。走廊北部和西部，年降水量在五十至二百毫米之間。走廊南部稍好一點，年降水量也僅有一百至五百毫米左右。降雨量少而蒸發量大，從氣候條件來說，顯然是不利於農業發展的。但所幸者是走廊南邊的祁連山卻擁有豐富的冰川積雪。每年春夏，融化的雪水從祁連山北麓流入走廊，網織成了三個較大的內陸河流域，與此相適應的，走廊內部也出現了三塊面積較大的平原，這就是：石羊河流域——武威、永昌平原；黑河流域——張掖、酒泉平原；疏勒河流域——玉門、敦煌平原。由於這三塊平原有祁連山雪水的滋潤，所以自古以來就是一個水草肥美、可耕可牧的區域。早在秦漢時，匈奴因為失去了河西，就曾發出「亡我祁連山，使我六畜不蕃息；失我焉支山，使我婦女無顏色」的哀嘆。《漢書·地理志》也說到，河西「地廣人稀，水草宜畜牧，故涼州之畜為天下饒」。因此，歷代都把河西作為重要的屯墾地區。良好的自然環境是歷代各族勞動人民在這裡生養蓄息的基礎。

從歷史上河西的興衰我們還可以清楚地看到這樣一點：興修水

利，引水溉田，充分利用優越的自然條件，這是河西農牧得以發展的關鍵。河西在漢唐兩代最盛，這同兩代在這裡興修了許多水利工程是分不開的。如上所述，漢在居延，唐在甘州、敦煌，都曾修建過許多渠道，並在這裡設監牧馬，推廣先進生產技術，故河西是當時國內的一個殷富之區。而到魏晉時期和吐蕃、西夏統治的時候，社會離亂，水利失修，肥沃的土地得不到灌溉，故良田亦變成了沙漠。

　　二、河西的興衰，它是同當時全國的形勢緊密連繫在一起的。這也就是說，當中原王朝國勢比較強盛、社會比較安定的時候，河西地區相應地亦得到了迅速的發展，如兩漢、隋唐、明清三個時期，中原都是一個大一統封建王朝，由於實行了一系列輕徭薄賦和發展生產的政策，國內安定，生產持續發展，這當然對河西發展起了一定的作用。更重要的，還是因為安定和強盛，中原王朝才可能有雄厚的人力、物力作為後盾來經營這塊地區。漢唐及明清幾朝，統治者大多都在河西採用過諸如設郡駐軍，移民屯墾，興修水利，發展交通等措施，不僅給河西增加了大量的勞動力，同時也帶來了先進的生產技術，直接為河西的發展和繁榮創造了條件。相反的，當中原處於動亂、爭戰不休的時期，或者是少數民族統治者用落後的生產方式來統治這個地區的時候，河西的社會經濟發展就會出現緩慢、停滯的狀態，如十六國時期及唐中葉以後的幾百年時間就是如此。

　　三、古代河西的興衰，是與它在中西交通上的重要地位有關的。河西所以稱之為走廊，固然是由於它本身是一塊形似長廊的區域，但更重要的還是因為它是古代通往西域、中亞的必經之路。河西的地形是：走廊南邊是著名的祁連山，終年積雪，不易翻越。祁連山以南，亦多是大阪山、大通山、宗務隆生等大山，道路極其艱險。走廊的北面，則是龍首山、合黎山及馬鬃山等等，在山的外面是騰格里沙漠和

巴丹吉林沙漠，渺無人煙，一片荒涼。在古代人走馬行的條件下，在走廊南北以外行走是非常困難的。相反的，在走廊內部卻是一個可耕可牧的地區，因此，在海路未通之前，自古以來，東來西去的行人、商隊大多都是通過這條走廊。從東往西，進入走廊的路線，我們通過這次考察和查閱資料，大概主要有以下三條：北道，經過景泰縣，沿騰格里沙漠邊緣進到武威；南道，因祁連山從酒泉至永昌一帶除扁都口一個山口以外，皆是海拔四千米以上的雪山，所以，此道多由西寧北上，穿過扁都口而至武威或張掖；中道，即由蘭州經永登，翻過烏鞘嶺而到武威。三道中似乎南道較早，秦漢、魏晉時行人多從南道進入河西，如法顯、隋煬帝就是走的此道。隋唐以後，中道漸成主要的幹線。玄奘、岑參就是循此道西去的。至於北道，據有人考證，認為是秦漢時行軍作戰時的一條通道。

正因為河西走廊是古代中西交通的必經大道──絲綢之路的東段大道，中原和西域的精神和物質文明都是通過這條走廊交流的，所以商業一直比較興盛，敦煌、武威兩地，自秦漢以後就是一個非常繁華的城市。河西各地歷代都住有大量的胡商、胡僧。特別是在漢、唐兩代，國勢強盛，中西交往極其頻繁，它必然對河西經濟、文化的發展起了促進的作用。隋唐時期在河西出現那樣絢麗多姿的壁畫，有風靡一時的西涼歌舞，這都是與中西交通分不開的。唐代著名詩人元稹寫道：「吾聞昔日西涼州，人煙朴地桑柘稠」，「獅子搖光毛彩豎，胡姬醉舞筋骨柔。大宛來獻赤汗馬，贊普亦奉翠茸裘。」[22]可以說這是中西交通與河西繁榮之間存在關係的最直接的資料。後來到了宋元時期，由於海路的暢通，中亞商人多從海路進至中原，這也就大大地影響了河

22　元稹：《元氏長慶集》卷二四《西涼伎》，《四部叢刊初編》本，商務印書館 1919 年版，第 89 頁。

西經濟文化的發展。元代河西所以未能恢復起來，這也是一個重要的原因。

四、河西的興衰，也是與它在古代軍事設防上的重要地位分不開的。自漢以後，河西從來就是古代中原王朝西北邊防上的重地。漢唐建都長安，為解除西來少數民族統治者的威脅，確保秦隴、河西的安全是一必不可少的條件。顧祖禹曾說：「欲保秦隴，必固河西，欲固河西，必斥西域。」[23]漢武帝所以進軍河西，一來是要解除匈奴來自西邊的威脅，二來也是為了要「斷匈奴之右臂」，隔絕北方游牧民族與祁連山南邊羌人之間的聯合，減輕後方的壓力。不僅如此，占有河西這塊可耕可牧的土地，還可以以此為根據地，進而向西域發展。後來少數民族雖迭有興衰，但這種形勢仍然沒有改變。也因此，歷代中原的王朝都在河西修城築塞，開屯布防。走廊北面雖有龍首山、合黎山、馬鬃山等，但這些山與地面相對高度僅五百至一千米之間，駝馬都易翻越，故漢代在此修了長城。走廊南面則因有祁連山的天然屏障，故只把守幾個重要的山口，如莊浪河谷口、扁都口、當金山口等。唐代時軍事重心雖然已西移到天山南北路，但河西仍是唐防突厥、吐蕃的重要陣地。唐在河西先後設立了涼州都督府、河西節度使等重要軍事機構。河西節度使有駐軍七點三萬人，是當時僅次於隴右的一個最大的軍鎮。

河西既為古代邊防重鎮，於是駐軍屯墾、移民實邊也就隨之而來，這對於河西的開發與發展勢必帶來巨大的影響。河西在漢唐之所以興盛，應是同兩朝在河西大力地進行軍事經營有關的。

（原載絲綢之路考察隊《絲路訪古》，甘肅人民出版社 1983 年版）

23　顧祖禹：《讀史方輿紀要》卷六三《甘肅鎮》序言，中華書局 2005 年版，第 2972 頁。

河西歷代人口簡述

　　甘肅地形猶如蜂身，黃河以西的狹長地帶如蜂腰，被稱為河西走廊。河西區域地當蒙古高原與青藏高原的交會處，南北有祁連山和合黎山相對，東南有烏鞘嶺和隴阪高原相隔，東西長達一千二百公里，南北寬度自五六公里至二百公里不等。

　　河西走廊是歷代封建王朝向西發展的根據地，同時也是中西交往的必經通道，是馬可‧波羅所說的「絲綢大道」的主要路段。由於地理位置的重要，自兩漢以來，封建統治者一直非常注意經營這一地區。移民實邊、徙民屯墾，是封建統治者常用的兩種最主要的政策。河西地區也正是在中原大量漢族移民與本地各族人民一起辛勤勞動下開發起來的。

　　本文試就河西地區歷代人口的增減及其原因和對當時經濟、文化的影響，作一些粗線條的描述與探討，給研究人口學的同仁提供一份歷史資料。

一

　　河西地區最早的居民主要是叫氏羌或羌戎的少數民族。到了戰國

時期，月氏、烏孫成了這一地區的主人。據《漢書・張騫傳》所說，後來烏孫為月氏所滅，而月氏又被匈奴所逼西遷。秦漢之際，匈奴成了河西的統治者。匈奴取得河西以後，臣服南羌，威懾西域，並對漢王朝的西北邊境「侵盜不止」，造成了對漢王朝的嚴重威脅。西漢初年，由於剛經戰亂，無力征討，為求得邊境安寧，只得採用和親的辦法，給匈奴貴族送去大量的繒帛財物。但是，匈奴貴族並不以此為滿足，仍然不斷擾亂邊郡，進行擄掠與屠殺。到了漢武帝時，他憑藉自漢初以來幾十年休養生息而大大加強了的國力，先後發動了河南之戰、河西之戰和漠北之戰三次戰役，收復了河南之地，控制了河西走廊，迫使匈奴退居漠北。

河西地區歸漢以後，為「斷匈奴右臂」，加強對這一地區的統治，武帝在此設立了武威、張掖、酒泉、敦煌四郡。與此同時，他還組織了大規模的徙民活動。見於《漢書》之《西域傳》及《武帝紀》的，有兩次較大規模的徙民河西諸郡。[1]這些徙民，大概亦同西漢時徙民其他邊郡一樣，多是中原地區的貧民和所謂的「罪犯」及其家屬。徙民的到來，使河西人口迅速增加。據《漢書・地理志》所載，西漢末人口達戶六萬一千二百七十，口二十八萬零二百一十一。其中武威郡，縣十，戶一萬七千五百八十一，口七萬六千四百一十九；張掖郡，縣十，戶二萬四千三百五十二，口八萬八千七百一十三；酒泉郡，縣九，戶一萬八千一百三十七，口七萬六千七百二十六；敦煌郡，縣六，一萬一千二百，口三萬八千三百三十五。據勞貞一先生統計，武威每平方公里有零點九人，張掖為零點七人，酒泉為一點三人，敦煌

1　《漢書》卷九六上《西域傳上》：「驃騎將軍破匈奴右地，降渾邪、休屠王，遂空其地，始築令居以西，初置酒泉郡，後移發徙民充實之」，第3873頁；卷六《武帝紀》：「乃分武威、酒泉置張掖、敦煌郡，徙民以實之」，第176-177頁。

為零點三人。[2]

其實，西漢河西地區的人口還應高於此數。司馬遷曾説過：「初置張掖、酒泉郡，而上郡、朔方、西河、河西開田官，斥塞卒六十萬人田之。」[3]上郡、朔方、西河皆郡名，河西則應指武帝所設四郡。即使以四個地區平均計算，河西亦應有田卒十五萬人。這十五萬人加上原有的二十八萬人，則西漢河西人口應在四十萬以上。

大量人口的遷入，加以諸如代田法、樓耕等先進耕作技術的使用和推廣[4]、水利的不斷興修[5]，使河西農業和畜牧業得以很快發展。西漢末年，竇融就因為「河西殷富」而要求去張掖屬國為都尉。[6]居延發現的漢簡，其中就有一條記載到漢元帝永光二年（前42），內地連年災荒，大司農調撥了西北十一農都尉屯田所存儲的餘糧去救濟之事。[7]《漢書·匈奴傳》也説，自漢武帝以後，「是時邊城晏閉，牛馬布野，三世無犬吠之警，黎庶亡干戈之役」。河西從此進入了穩固發展的時期。

西漢末年，河西為竇融所據有。劉秀在統一全國的過程中，竇融曾利用河西的人力、物力，作出過積極的貢獻。東漢王朝到了明帝以

---

2 勞幹：《兩漢郡國面積之估計及口數增減之推測》，載《中央研究院歷史語言研究所集刊》第五本第二分，1935年。

3 《史記》卷三〇《平準書》，第1439頁。

4 《漢書》卷二四《食貨志》：「武帝末年，……趙過能為人代田，……又教邊郡及居延城」，第1138-1139頁。

5 《史記》卷二九《河渠書》説，武帝時「朔方、西河、河西、酒泉皆引河及川谷以溉田」，第1414頁。

6 《後漢書》卷二三《竇融傳》，第796頁。

7 《居延漢簡釋文》卷一：「守大司農光祿大夫臣調，昧死言，……武威以東至河西郡十一農都尉官，官調物錢穀漕轉為民困乏，啟調有餘結」，商務印書館1949年版，第70頁。

後，一方面由於北匈奴的逐漸強大，不斷進擾河西，另一方面，由於西漢中葉以來，河湟、隴右不斷爆發羌族人民的反抗鬥爭，河西成了東漢政權與羌人進行爭奪的一個區域，長期的動亂，使經濟的發展受到了很大的影響，人口亦隨之迅速下降。據《續漢書・郡國志》所載，東漢順帝時河西戶口如下：武威郡，十四城，戶一萬零四十二，口三萬四千二百二十六；張掖郡，八城，戶六千五百五十二，口二萬六千零四十；酒泉郡，九城，戶一萬二千七百零六，無口數；敦煌郡，六城，戶七百四十八，口二萬九千一百七十；張掖屬國，戶四千六百五十六，口一萬六千九百五十二；張掖居延屬國，戶一千五百六十，口四千七百三十三。按武威、張掖兩郡平均每戶近四人推算，酒泉郡當約有五萬餘口。另外，敦煌郡戶口的比例與武威、張掖等郡相差很遠，一戶竟達三十八人之多，可能「百」字係「千」字之誤，應為七千零四十八戶，這樣，每戶平均也是四人，與其他郡相當。如此，東漢河西共有戶四萬二千六百五十六，口十六萬左右。與西漢相比，戶數下降了近二萬，口數下降了十二萬，幾乎都下降了三分之一。戶口的減少，也間接說明了東漢時期這一地區的經濟也已大不如前了。

西漢時期的河西四郡均屬涼州管轄。東漢末年獻帝時，曾一度廢涼州，為雍州之地，「自三輔距西域皆屬焉」[8]。曹丕代漢，又分置涼州。據洪亮吉《補三國疆域志》所說，曹魏時涼州有十郡，除金城、西平、安定、北地外，河西地區應有武威、西郡、張掖、西海、敦煌、酒泉等六郡。《三國志》一書沒有地理志，戶口缺載，我們只能根據有關資料約略加以估計。

經東漢後期鎮壓羌人戰爭和繼之而來的軍閥混戰，河西遭到了極

8　《晉書》卷一四《地理志》，第 430 頁。

大的破壞。曹魏政權建立前後，河西又有「武威顏俊、張掖和鸞、酒泉黃華、西平麴演並舉郡反，自號將軍，更相攻擊」。涼州盧水胡伊健妓妾、治元多等也乘機起兵，於是「河西大擾」[9]。不斷的戰亂，使河西人口再度下降。曹丕時，蘇則為金城太守，初到任時，「戶不滿五百。則至官，內撫凋殘，外鳩離散，今見戶千餘」[10]。東漢時金城郡有戶三千八百五十八，口一萬八千九百四十七。曹魏時只剩下了一千戶，比東漢時剩下不到三分之一。如果我們以金城郡的戶口下降比例來推算河西其他各郡，那麼，東漢時河西有戶四萬餘，口十六萬左右，到曹魏時期，河西則應僅有戶一萬四千左右，口約五萬。

西晉統一全國以後，曾出現過一個短暫的安定局面。占田制的推行，使大亂以後的流民逐漸回到故土，全國人口比前有所增長。河西地區除了流民還鄉、安定的環境使人口自然增殖較快以外，一些少數民族這時亦相繼遷入河西，如鮮卑族的禿髮氏等等。因此，河西人口這時比前有了明顯增長。《晉書‧地理志》記載：武威郡，縣七，戶五千九百；張掖郡，縣三，戶三千七百；西郡，縣五，戶一千九百；酒泉郡，縣九，戶四千四百；敦煌郡，縣十二，戶六千三百；西海郡，縣一，戶二千五百。《晉志》沒有具體記出口數。合六郡戶數共有戶二萬四千七百，按河西歷來一戶四口計算，則應有十萬人左右，與三國時期相比，增長了近一倍。

西晉統一的局面沒有維持多久，經永嘉之亂後即進入了十六國大分裂的時期。河西在十六國時期先後為前涼、前秦、後涼、北涼、西涼所據有。在這些政權統治時期河西戶口史無記載，我們也只能根據

9　《三國志》卷一五《魏書‧張既傳》，第474頁。

10　《三國志》卷一六《魏書‧蘇則傳》引《魏名臣奏》，第491頁。

有限的文獻進行估計。

　　早在晉惠帝統治時期，張軌就「以晉室多難，陰圖保據河西」[11]，要求出牧河西。惠帝永寧（301-302）初年，張軌被任命為涼州刺史。當時涼州統屬九郡，即金城、西平、武威、張掖、西郡、酒泉、西海、敦煌、晉昌。金城、西平不屬河西走廊，當時河西應實有七郡。以後，張軌上表，「請合秦雍流移人於姑臧西北，置武興郡」[12]。這樣，河西在張軌時實有八郡。永嘉亂起，中原淪沒，河西與司馬氏政權完全隔絕，才演變成一獨立政權，史稱前涼。

　　前涼的河西雖也有過一些動亂，但基本上是安定的。當時有民謠說：「秦川中，血沒腕，惟有涼州倚柱觀。」[13]秦、雍人民為避亂不斷移來涼州。《晉書・張軌傳》說過，在洛陽、長安被劉曜攻陷後，「中州避難來者日月相繼」。占據秦州的南陽王司馬保兵敗後，「其眾奔散涼州者萬餘人」。咸和（326-334）初年，張駿還曾「使將軍宋輯、魏纂將兵徙隴西、南安人二千餘家於姑臧」。由於中原及秦隴地區人民的徙入，這時河西人口比西晉應略有增加。後來，前涼在河西走廊增置了建康、祁連、臨松、涼興、延興等郡，這固然是與前涼統治者多設郡縣以虛張聲勢有關，但人口的增加也應是一個重要原因。

　　西元三七六年，前涼傳至張天錫時為前秦所滅。苻堅雖也和當時的統治者一樣，將征服地區的豪強遷徙到自己國都附近，以加約束，如曾徙姑臧「豪右七千餘戶於關中」[14]。但因河西是苻秦與東晉爭衡的大後方，因此，苻堅又將中原地區掠奪的人口遷徙到河西來。《晉書・

11　《十六國春秋輯補》卷六七《前涼錄》，第481頁。

12　《晉書》卷一四《地理志》，第434頁。

13　《晉書》卷八六《張軌傳附張寔傳》，第2229頁。

14　《晉書》卷一一三《苻堅載記》，第2898頁。

涼武昭王李玄盛傳》説：「初，苻堅建元之末，徙江漢之人萬餘戶於敦煌。中州之人，有田疇不辟者，亦徙七千餘戶。」由此看來，前秦時河西的戶口不僅沒有減少，反而有所增加。遷出七千戶，遷入一萬七千戶，淨增一萬戶。我們以一戶四人計，應淨增四萬人。西晉時即有十萬人，加這四萬，當時河西應實有十四萬人。

淝水之戰後，苻秦政權瓦解。河西先後為後涼呂光、北涼段業及沮渠蒙遜、西涼李暠等分據。由於這幾個政權之間的混戰，人民分散和慘遭屠殺，河西戶口應有大幅度下降，如後涼呂隆統治下的姑臧，史稱：「穀物踴貴，斗值錢五千文，人相食，飢死者十餘萬。」[15]走廊西頭的西涼，初時戰事較少，走廊東頭居民多向西奔走，所以李暠這時曾增設了會稽郡、廣夏郡等，但到沮渠蒙遜進攻西涼時，經過幾次大的戰役，加以敦煌被攻陷時，蒙遜「屠其城」[16]，走廊西頭的人戶也因戰亂而散失了。總之，自前秦亡後，河西走廊人口急遽地減少，到北魏取得河西后，據《魏書·地形志》記載，涼州統郡十，縣二十，戶三千二百七十三，比西晉的二萬四千多戶，只剩下了八分之一了。

《魏書·地形志》所載數字，是孝靜帝武定年間的數字。這時北魏已罷鎮為州[17]，整個河西分屬涼州和瓜州。涼州所計戶口，其中建昌、泉城、東涇、梁寧四郡史無可考，我們姑且都算是走廊內部的郡，也僅只有三千多戶，以一戶四人計，則約有一萬二三千人。瓜州戶口魏書闕載，依徐文范《東晉南北朝輿地表》所載，共有七郡，比涼州還

15　《十六國春秋輯補》卷八三《後涼錄》，第 586 頁。

16　《晉書》卷八七《涼武昭王李玄盛傳》，第 2271 頁。

17　北魏初年於河西走廊西頭曾設敦煌鎮，管轄敦煌至酒泉的大片土地；於走廊東頭設涼州鎮，管轄武威、張掖大片土地。見張維《元魏諸鎮考》，載《還我書樓文存》，生活・讀書・新知三聯書店 1970 年版，第 145 頁。

少三郡，因此，估計瓜州戶口也不會比涼州多，即使也算成與涼州的戶數一樣，也是一萬二三千人，整個河西充其量也只二萬五千多人。這一時期戶口的銳減，首先是同北魏統治者推行掠奪性的人口政策有關的，如《魏書·世祖紀》記載，北魏攻滅北涼時，沮渠牧犍降後，太武帝曾經「徙涼州民三萬餘家於京師」[18]。其次，因為戰亂，民戶大量逃亡和投依豪族，這也是注籍於國家的人口大量減少的原因。

　　二

　　到了北周和隋代，統治者對全國各地的州郡進行了一次大合併。據《隋書·地理志》所載，河西僅有武威、張掖、敦煌三郡。這三郡的戶數是：武威郡，統縣四，戶一萬一千五百；張掖郡，統縣三，戶六千一百二十六；敦煌郡，統縣三，戶七千七百七十九。三郡共計有戶二萬五千四百五。如以一戶四人計，整個河西有十一二萬人。此時河西戶口的增加，是與北魏以來實行均田制度和河西社會比較安定有關的。同時，自隋以後，中西交往及國際貿易日趨繁榮，河西是中西交往的必經通道，如隋煬帝時，史稱：「西域諸蕃多至張掖，與中國交市。」[19]著名的二十七國交易會就是在張掖附近召開的。因為中西交通的繁榮，這裡不僅移入了許多中原商人，也移入了好多胡商。隋末唐初的涼州安氏即是最著名的胡賈。當時割據涼州的李軌便是依靠以安修仁為首的西域胡商勢力才立住腳跟的。[20]《隋書·食貨志》還曾說到，北周、隋初，「河西諸郡，或用西域金銀之錢，而官不禁」。河西

18　《魏書》卷四上《世祖紀》曾說：「收其城（姑臧）內戶口二十餘萬，倉庫珍寶不可勝計」，第72-72頁。這可能是極度誇張之數字，隋、唐盛世河西亦僅二十來萬人，而說北涼時姑臧一城有二十萬人，這是絕不可能的。

19　《隋書》卷六七《裴矩傳》，第1578頁。

20　《舊唐書》卷五五《李軌傳》，第2248-2249頁。

居然通行胡商錢幣，由此也可見河西胡商之多。

入唐以後，由於統治集團實行了一系列恢復和發展生產的措施，唐代戶口迅速增長。高宗永徽年間（650-655），當時全國有戶三百八十萬，而玄宗天寶十三載（754），全國有戶達九百零六萬九千一百五十四。[21]這時的河西，也再度出現了繁榮的景象。《資治通鑑》卷二一六記天寶十二載時說：「是時中國盛強，自安遠門西盡唐境萬二千里，閭閻相望，桑麻翳野，天下稱富庶者無如隴右。」當時河西戶口也出現了自兩漢以來的又一次增殖高峰。《新唐書‧地理志》所載玄宗天寶年間戶口如下：涼州武威郡，戶二萬二千四百六十二，口十二萬零二百八十一；沙州敦煌郡，戶四千二百六十五，口一萬六千二百五十；瓜州晉昌郡，戶四百七十七[22]，口四千九百八十七；甘州張掖郡，戶六千二百八十四，口二萬二千零九十二；肅州酒泉郡，戶二千二百三十，口八千四百七十六。合計天寶時河西各州有戶三萬六千七百一十八，口十七萬二千零八十六。另據《舊唐書‧地理志》，涼州境內尚有吐渾部落等八州府，有戶五千零四十八，口一萬七千二百一十二。加上這一數字，河西實有戶四萬一千七百六十，口十八萬九千二百九十八。

唐經安史之亂，河西為吐蕃占領。吐蕃貴族對漢人的統治是十分殘酷的。《沈下賢文集》卷一〇《對策》中說：「又嘗與戎降人言，自輪臺以東，神鳥、敦煌、張掖、酒泉，東至於金城、會寧，東南至上邽、清水，凡五十郡、六鎮、十五軍，皆唐人子孫，生為戎奴婢，田牧種作，或叢居城落之間，或散居野澤之中。」敦煌石室發現的《張淮深變文》中亦說到，在張議潮收復沙州後，「甘、涼、瓜、肅，雉堞凋

21　《資治通鑑》卷一九九、卷二一七，第 6279、6929 頁。

22　瓜州有戶四七七，而口卻有四九八七，平均每戶十口人，疑《舊唐書》卷三七《地理志》（第 1045 頁）有誤。可能在這一數字前脫「千」字，應為一四七七戶。

殘」。由此看來，由於吐蕃貴族的暴虐，人民流散及內遷的一定很多，自然增殖也必然大大下降，這時河西戶口顯然比盛唐時要減少得多。至於減少的具體數字，史無記載，也無從推斷。

到唐宣宗大中二年（848），沙州爆發了張議潮領導的各族人民起義，趕走了吐蕃勢力。接著，張議潮又收復了瓜、伊、甘、肅、涼等州。唐以張議潮為歸義軍節度使，管轄整個河西地區。至十世紀，甘州回鶻逐漸強大，歸義軍便成了回鶻的附庸，甘州回鶻則成了河西的主人。北宋統一，勢力未及河西。至宋仁宗景祐三年（1036），西夏李元昊打敗回鶻，攻陷瓜、沙，從此河西又歸西夏統治。在歸義軍、甘州回鶻以及西夏統治時期，河西戶口無從查考。但在這一長段的時間裡，由於河西內部不斷爭戰，特別是西夏統治時，東與宋、金抗衡，西又有于闐的威脅，連年烽煙迭起，估計這時河西戶口絕不會超過吐蕃統治時期，或者更少一些。

一二二七年，西夏為蒙古所滅，河西開始屬元朝管轄。元分全國為十一個行中書省，河西屬甘肅等處行中書省。甘肅行中書省又分七路，即甘州路、永昌路、肅州路、沙州路、亦集乃路、寧夏府路、兀剌海路。七路中，除寧夏府路外，皆在河西走廊。但《元史·地理志》在這六路中只記了甘州路與肅州路的戶口：甘州路，戶一千五百五十，口二萬三千九百八十七；肅州路，戶一千二百六十二，口八千六百七十九。僅以這兩路戶口數與唐代相比，唐甘州有戶六千二百八十，肅州有戶二千二百三十，戶數相差很大。以口數相比，唐甘州有口二萬二千零九十二，肅州有口八千四百七十，則幾乎相等。按這一比較，元代甘、肅兩路既與唐代甘、肅兩州口數相等，其他各州應亦相似。但其實不然，因為元代在河西內部曾進行過徙民的活動，如瓜州，《元史·地理志》說：「瓜州，唐改為晉昌郡，復為瓜州。宋初陷

於西夏。夏亡，州廢。元至元十四年復立，二十八年徙居民於肅州，但名存而已。」《元史·世祖紀》亦載，至元二十五年，「沙州、瓜州民徙甘州，詔於甘、肅兩界劃地使耕，無力者給以牛具農器」。看來，蒙古統治者為便於管理，曾將河西西頭居民多集於甘、肅兩路。因此，這兩路的人口中還應包括來自瓜、沙兩路的人口，如果減去這部分數字，元代甘、肅兩路就必然要比唐代的甘、肅兩州為少。以此來推，元代河西人口亦仍應比唐代少。這除了長期戰亂的影響外，還同河西走廊在中西交通上的地位日益衰落有關。元代海上交通非常發達，西域胡商、僧侶多從海上往還，他們到河西來定居的比前就大大減少了。

明代初年，明太祖於洪武五年派宋國公馮勝取得河西以後，即劃嘉峪關而守，未曾經營關外。到太祖洪武末年和成祖永樂年間，方才在關外設立衛所，即所謂的「關西七衛」：曲先衛、安定衛、罕東衛、赤斤蒙古衛、沙州衛、哈密衛、罕東左衛。後來到明中葉以後，這些衛先後為吐魯番所逼，全部遷入關內。《明史·西域傳》說：「先是，太宗置哈密、沙州、赤金、罕東四衛於嘉峪關外，屏藩西陲。至是（指英宗正統年間），沙州先廢，而諸衛亦漸不能自立。」

河西是明王朝西北邊防的重要地域，除關西衛所以外，在嘉峪關之東，明王朝還設立了涼州衛、永昌衛、山丹衛、甘州五衛、肅州衛等。除派有大量軍隊駐守外，明還在這時進行了大規模的屯田。有人統計，從洪武末年到弘治年間，涼州十一衛共有正式軍隊（旗軍）七萬餘，下屯旗軍近四萬人。[23]此外還有許多軍卒家屬及河西軍戶所繁衍的子孫。這些屯軍及家屬到河西後，就在河西安家落戶，與本地各族人民共同開發河西。

---

23 參唐景紳：《明代河西的軍屯》，載《敦煌學輯刊》第一輯，1980年。

　　明代河西的戶口，《明史‧地理志》無具體數字。《重修肅州新志‧
戶口》記載，明洪武中肅州衛戶五千八百五十五，口一萬三千五百七
十五；嘉靖中戶五千六百三十三，口九千九百六十三；萬曆中戶五千
三百五十二，口七千九百八十六。以洪武年間為最高。乾隆時修的《甘
州府志》卷六記載，甘州五衛有民戶一萬四千四百四十四，口三萬零
八百八十三；屯戶，嘉靖中一萬二千五百六十七，口一萬七千九百六
十一；山丹民戶六千三百六十三，口一萬二千七百二十。關於涼州戶
口，乾隆所修之《五涼考治六德集全志》卷一記載，武威縣洪武中戶
五千四百八十，口三萬九千八百一十五；嘉靖中戶一千六百九十三，
口九千三百五十四。以上三種資料都記了嘉靖中的戶口，因此我們只
能將嘉靖年間戶口作一統計。總加肅州衛、甘州五衛、武威縣、山丹
衛戶數，共有戶四萬零七百，口八萬零八百八十一。這一數字雖然因
州縣不全不能稱作河西走廊全部之戶口數，但如以這一數字同元代相
比，則明顯有了大幅度的增加。《元史‧地理志》載肅州路只一千多
戶，八千多口，而明代增至五千多戶，近一萬口；《元史‧地理志》載
甘州路僅一千五百多戶，二萬三千多口，而明代甘州五衛就有一萬四
千多戶，三萬多口，另外還有屯戶一萬二千多戶，近一萬八千人。如
與唐代相比，唐代肅州有二千多戶，八千多口，而明代有五千六百多
戶，二萬二千多口，唐代甘州有六千二百多戶，二萬二千多口，而明
代甘州五衛就有一萬四千多戶，三萬多口，加上屯戶一萬多戶，一萬
八千口，共有二萬七千多戶，四萬八千餘口。如按口計算，肅州衛比
唐代增加了十分之二，甘州衛則增加了一倍多。唐代整個河西約不到
二十萬人，以此推論，明代河西應有口近三十萬。

　　清貴族進入河西后，燒殺擄掠，一度使河西遭到破壞。當時甘肅
整個情況是：「災死徙之餘，田畝之荒廢者十有一二，軍民之存活者十

無一二」²⁴，土地荒蕪，民戶逃散。後來，清政府不得不採取一系列恢復、發展生產的措施，如「改編涼州戍軍為屯丁，除免軍名，令種屯地」²⁵，將甘肅明代藩王土地改歸民戶經營，以及招民開墾屯種等。如雍正年間，即曾招民戶二千四百零五去敦煌屯墾。²⁶通過這些措施，加以清初略定西域，河西社會安定，經濟日漸恢復、發展，這時戶口又迅猛增長。《嘉慶重修大清一統志》載：甘州府，原額民丁共五千八百五十，今滋生民丁男婦大小共二十八萬二千四百九十六名口，屯丁男婦大小共五十三萬一千一百一十九名口，統計七萬九千八百四十一戶。涼州府，原額民丁共二萬四千三百三十五，今滋生民丁男婦大小共二十八萬四千一百三十一名口，屯丁男婦大小共一百二十二萬零三百六十七名口，統計十八萬二千八百六十二戶。肅州直隸州，原額民丁共六千九百零八，今滋生民丁男婦大小共三十一萬九千七百六十八名口，屯丁男婦共十三萬二千二百九十五名口。安西直隸州，民丁原額缺載，今滋生民丁男婦大小共七萬七千八百七十三名口，統計六千零九十四戶。據此，嘉慶年間，甘、涼、肅、安西四州府共有人口二百八十四萬八千零四十九。如果與原額民丁相比，則增長了七八十倍。河西戶口驟增，大約有以下原因：第一，《一統志》所説原額民丁，應是指成年男丁，老小婦女皆不計在內；第二，清初為恢復生產，不斷從其他各地移民河西，如上述敦煌一次就移來二千四百零五戶；第三，清初河西原來駐有大量軍隊屯田，後改衛軍為屯丁，加以

24　中國西北文獻叢書編輯委員會編：《甘肅通志稿》卷四〇甘肅巡撫董題《免編審丁徭疏》，蘭州古籍出版社 1990 年版，第 625 頁。

25　慕壽祺輯著，李炳、趙元貞校：《甘寧青史略正編》卷一七「改甘肅衛軍為屯丁」條，蘭州俊華印書館 1936 年版，第 13 頁背面。

26　常鈞：《敦煌隨筆》「沙州」條，第 76 頁。

帶來家屬落戶。《一統志》中所記屯丁人口比滋生民丁人口還多,正是反映了這一情況;第四,清初康、雍、乾三代有上百年的安定局面,人口自然增殖數量亦是很大的。

三

綜上所述,從秦漢至清代中葉,河西人口曾經歷了三升二降的過程:西漢設立河西四郡,開始出現了人口增長的第一個高峰,後來則就逐漸下降,至北魏時,河西幾乎成了一個荒漠地區。北魏以後,又慢慢上升,至隋唐出現了河西人口增長的第二個高峰,由原來的幾萬人增長到二十萬人。但從唐中葉吐蕃占領河西起,直至元代,河西戶口又逐步下降,而到明清兩代,特別是清代中期,一下猛增到二百八十萬人,出現了河西人口增長的第三個高峰。

從河西人口的三升二降可以看出:

一、河西人口的增減是與河西地區的開發緊密連繫在一起的。人類社會的物質資料生產和人口的生產是既有區別而又互相制約的。物質資料生產是人口生產的前提,而人口生產又反過來對物質資料生產有很大的影響。在以自然經濟為主體的封建社會裡,人口生產對於物質資料生產的影響尤為突出。因為在封建社會裡,主要的生產就是自然經濟下的農業生產,生產的發展主要表現為農產品產量的增加,而這種增加,則大多是通過擴大耕地面積和提高單位面積產量而取得的。在當時生產技術水平低下的狀況下,無論擴大耕地面積還是提高單位面積產量,都得付出繁重的體力勞動。這也就是說,社會生產的發展,都是和使用更多的勞動力分不開的。從河西人口增減過程來看,也正是這樣:西漢、隋唐、明清三個時期是河西經濟最繁榮的時期,而這三個時期又恰好是人口最多的時期。由於勞動力的增加使河西這塊水草肥美的土地得到了開發。相反,在南北朝及五代、西夏時

期，河西土地大量荒蕪，生產凋敝，這也是河西人口不斷減少時期，勞動力少了，自然影響到生產的發展。

二、一個地區人口的增減是同當時整個國家的形勢直接相關的。斯大林說過：「人口的增長當然能影響到社會的發展，促進或延緩社會的發展，但它不能成為社會發展中的主要力量，它對於社會發展的影響不能是決定性的影響。」[27]對於社會生產起決定作用的應是當時的生產力和生產關係的狀況。人口增減固然能影響到生產的發展，但人口增減本身卻又是與當時的生產水平、政治狀況分不開的。在中國封建史上，秦漢、隋唐、明清都是大一統的王朝，國勢很強盛，出現這種局面，當然首先歸功於當時勞動人民的生產鬥爭和階級鬥爭，而統治階級實行諸如緩和矛盾、減輕賦役、予民休息、發展生產的措施，也對當時社會生產起了促進的作用。正是由於當時國內安定，生產持續發展，人口自然繁殖就比較快。同時，也正因為國家有雄厚的人力、物力基礎，統治者才有可能經營邊遠的地區，採用諸如駐軍設郡、移民墾田、發展交通、興修水利等措施，使邊遠地區得到開發。河西在西漢、隋唐、明清時期人口增長很快，應當認為這是與當時社會安定，國勢強盛，統治者在河西實行了一系列發展生產的措施分不開的。

三、河西人口的增長是同歷代統治者的移民政策分不開的。西漢、隋唐、明清時期河西人口的三次大幅度增長都是和當時統治階級在這裡興辦過大規模的軍屯和民屯直接相連繫的。統治階級在河西屯田的目的當然是在於充實邊防，增加賦役，防止周邊少數民族貴族的擾亂，但是，設屯必先移民，而大量移民進入河西，這不僅大大增加這一地區的勞動力和人口，同時，也因移民多來自中原，帶來了先進

27　《列寧主義問題》，外國文書籍出版局印行1950年版，第859頁。

的生產技術，加速了河西的開發進程。所以，河西的開發是同中原勞動人民的不斷徙入分不開的。今日河西的繁榮，即是中原人民與本地各族勞動人民共同辛勤勞動的成果。

（與章一平合作，原載《西北人口》1981 年第二期）

敦煌沿革與人口

　　敦煌地處河西走廊的西端，它的南面有三危山、鳴沙山，是河西走廊內部一系列直線形斷層隆起的斷塊山。北面是一片戈壁，中部則是由黨河下游所沖積的一塊平原，這就是著名的敦煌綠洲。現在全市二十萬人，都生活在這塊綠洲上。

　　敦煌自古以來是中西交通要道。裴矩在《西域記》中曾說過，去西域道路有三，即北道、中道、南道，但無論哪一道，都是「發自敦煌」。因此，他說：「總湊敦煌，是其咽喉之地。」[1]因地位重要，它早就引起人們的注意了。

　　自清代以來，許多學者都注目於西陲史地，對敦煌的沿革曾作過一些研究，其著名的如清代官修的《大清一統志》、《皇輿西域圖志》，齊召南的《水道提綱》，顧祖禹的《讀史方輿紀要》，徐松的《漢書西域傳補註》、《西域水道記》等等。至一九〇〇年敦煌莫高窟石室遺書發現以後，有《沙州都督府圖經》、《敦煌錄》、《沙州伊州地誌殘卷》、

1　《隋書》卷六七《裴矩傳》，第 1580 頁。

《壽昌縣地境》等資料的出現，中國許多學者對敦煌的史地又進行了許多的研究與訂正工作，如王國維、羅振玉、劉師培以及向達、王重民等前輩，曾作出了很多的貢獻。夏鼐、閻文儒、宿白等同仁還到敦煌作過實地的考察。然而，多年以來，對於敦煌歷代的沿革與人口還沒有人進行過系統的整理和介紹，以致有些同仁在談到敦煌的歷史時，往往作了不正確的描述，有的郡縣不分，將古代敦煌郡同現在的敦煌市等同起來；有的將漢唐時代的敦煌說成是個「小上海」，人口竟達到八十萬人。為此，我以為對敦煌的沿革及人口作一系統的介紹還是極其必要的。

　　　一

　　敦煌這個名字，是漢武帝立郡時命名的。東漢應劭註釋這兩個字的意義時說：「敦，大也；煌，盛也。」[2]有人據此把西漢時的敦煌說成是一個很繁華的城市。唐代李吉甫的《元和郡縣圖志》對這兩字也有過解釋，他說：「敦，大也，以其開廣西域，故以盛名。」[3]指的是這個地方對開發廣大的西域地區有很重要的作用，故名之曰敦煌。對這兩種解釋，我是比較同意《元和郡縣圖志》的說法，因為西漢時期的敦煌，與中原其他城市比較，算不得是一個繁華的城市，尤其當武帝立郡之時，此地人口還是極其稀少的。原來居住在河西西部地區的匈奴昆邪王，在降漢以後，其四萬部眾被安置在「五郡故塞外」。河西大部分人口被遷走了。正因為邊防空虛，武帝才不斷地把內地的貧民遷徙到這裡來。如果認為武帝把這塊地方命名為敦煌，就是指它很繁榮的意思，顯然是一種誇大和誤解。當然，我們認為立郡之初的敦煌是一

2　　《漢書》二八下《地理志下》，第 1614 頁。

3　　李吉甫：《元和郡縣圖志》卷四〇，中華書局 1983 年版，第 1026 頁。

個地廣人稀的地方，但也並不否認它在中西交通及西漢邊防上卻有重大的意義。在地理位置上，它的確是一個極其重要的「咽喉」地區。

敦煌在漢武帝立郡之前，中國古代的史籍早就對這一地方有過記載。中國最早的地理學著作《尚書・禹貢》說：「黑水西河惟雍州。」《文獻通考》卷三二二《輿地考八》「古雍州」條註釋說：「西據黑水，東距西河，西河即龍門之河也，在冀州西故曰西河，黑水出今張掖郡雞山，南流至今敦煌，經三危山，過今南溪郡而入南海。」又說：「漢之京兆、扶風、馮翊、北地、上郡、安定、天水、隴西、金城、武威、張掖、酒泉、敦煌，皆其分地。」即把現今的敦煌是包括在古雍州的境域之內的。

在中國遠古神話和傳說的時代，有些記載也曾涉及敦煌這個地區。在神農氏時，《淮南子・主術訓》說：「昔者神農之治天下也，……其地南至交趾，北至幽都，東至暘谷，西至三危，莫不聽從。」在帝顓頊時，《史記・五帝本紀》說：「北至於幽陵，南至於交趾，西至於流沙，東至於蟠木，動靜之物，大小之神，日月所照，莫不砥屬。」在虞舜時，《尚書・舜典》說，帝舜曾經「流共工於幽州，放驩兜於崇山，竄三苗於三危，殛鯀於羽山」。這些神話傳說不約而同地將三危、流沙都作為當時最西邊的地區，而這個地名，根據後人的一些註釋，都認為在現在敦煌縣的境內。三危，許多人以為即指三危山，在今敦煌的南面。《水經注》說：「三危山在敦煌縣南。」[4]《元和郡縣圖志》卷四〇說：「三危山在縣（敦煌縣）南三十里，山有三峰，故曰三危，《尚書》竄三苗於三危，即此山也。」清人常鈞所寫的《敦煌雜抄》卷下「三危山」條說：「尚書孔安國傳，三危西裔之山，舜竄三苗於三危，

4　酈道元：《水經注》卷四〇《禹貢山水澤地所在》，巴蜀書社 1985 年版，第 616 頁。

《禹貢》三危既宅是也。《隋志》敦煌縣有三危山，《括地誌》山在沙州東南三十里，山有三峰故名。《都司志》三危為沙州望山，俗名升雨山，在今城東南三十里，三峰聳峙，如危欲墮故名。」至於流沙，有的以為在張掖居延澤，有的則以為在敦煌的西面。顏師古說：「流沙在敦煌西。」[5]杜佑也說，流沙在敦煌郡西八十里。[6]從這些記載來看，在遠古時代，現今的敦煌地區不僅與中原地區早有連繫，而且，被稱為「三苗」的部族也早在這裡棲息和生活。這些部族原來是在中原部落戰爭中失敗以後被遷徙到這裡來的。

到了夏商周三代，包括現今敦煌、瓜州在內的廣大地區都屬於古瓜州的範圍。《禹貢·山水澤地篇》注說：「杜林云，敦煌古瓜州也，州之貢物，地出好瓜，民因氏之。」在這裡居住的是三苗的後裔，當時稱之為羌戎。《通典》卷一七四「沙州」條：「沙州，昔舜流三苗於三危，即其地也。其後子孫為羌戎，代有其地。」《後漢書·西羌傳》也說：「西羌之本，出自三苗，姜姓之別也。」三代時，亦有歷史記載說到羌戎與中原地區的交往。夏禹治水，周行九州，《禹貢》曾說他「道黑水至於三危，入於南海」。對這個地方作過親自的調查。至殷商時，武丁伐鬼方，三年乃克，《詩經·商頌》說：「自彼氐羌，莫敢不來享，莫敢不來王。」春秋初期，《左傳》也曾記載過羌戎的活動。昭公九年，「詹桓柏辭於晉曰，允姓之戎，居於瓜州」。以後，到襄公十四年，又載：「晉將執戎子駒支，范宣子親數諸朝，曰，來，姜戎氏，昔秦人迫逐乃祖吾離於瓜州，乃祖吾離被苫蓋，蒙荊棘，以來歸我先君。我先君惠公有不腆之田，與汝剖分而食之。」以上的這些記載，僅

5　　《漢書》卷二八上《地理志上》注，第 1534 頁。

6　　杜佑：《通典》卷一一七四，中華書局 1988 年版，第 4556 頁。

僅只是一些傳說，有些地名，至今也有不同的看法，當然未必是一定可靠的。

如果説戰國以前，史籍上有關這個地區的一些記載是值得懷疑的話，那麼，戰國及秦一段，月氏占有這塊地方則倒是比較可信的了。這時，古瓜州地區的羌戎，逐漸為月氏所兼併，也就是《漢書‧地理志》所説的：「瓜州之戎，並於月氏者也。」當時居住在瓜州的，不僅有月氏，還有塞種胡人、烏孫等等。荀濟《論佛表》説：「《漢書‧西域傳》，塞種本允姓之戎，世居敦煌，為月氏迫逐，往蔥嶺南奔。」[7]關於塞種胡人，《漢書‧西域志》曾説：「昔匈奴破大月氏，大月氏西君大夏，而塞王南君罽賓。塞種分散，往往為數國。自疏勒以西北，休循、捐毒之屬，皆故塞種也。」可見塞種胡人也原是居住在敦煌一帶的，是由於月氏的強大，才將他們趕到現今的帕米爾地區。至於烏孫，張騫説：「臣居匈奴中，聞烏孫王號昆莫，昆莫父難兜靡，本與大月氏俱在祁連、敦煌間，小國也。大月氏攻殺難兜靡，奪其地，人民亡走匈奴。」[8]烏孫也同樣是被月氏從河西趕出來的。

月氏強盛時，曾占有以後的涼、甘、延、沙等州[9]，「控弦十餘萬」[10]。在秦漢之際，因其強盛，匈奴頭曼單于曾將太子冒頓質於月氏。後來，冒頓從月氏逃歸，殺父自立，發兵征服了月氏。至冒頓子老上單于時，他殺掉月氏王，「以其頭為飲器」，於是月氏部眾大多西逾蔥嶺，進入今天的阿富汗，「其餘小眾不能去者，保南山羌，號小月

7　道宣：《廣弘明集》卷七，上海古籍出版社 1991 年版，第 134 頁。

8　《漢書》卷六一《張騫傳》，第 2691-2692 頁。

9　《史記》卷一一〇《匈奴列傳》注引《括地誌》，第 2888 頁。

10　《漢書》卷九六上《西域傳上》，第 3890 頁。

氏」[11]。整個河西遂為匈奴所占有，這時正是漢文帝的初年。

在敦煌立郡之前的歷史，大概有以上這些記載。

二

匈奴是中國歷史上北方的一個古老民族，長期過著游牧的生活。秦末漢初，乘中原王朝邊防鬆弛的時機，它不斷向南發展。到冒頓單于的時候，它東面滅掉東胡，西邊擊走大月氏，向北威服了丁零，向南擊破樓煩、白羊，控制了中國東北部、北部和西部的廣大地區。它有「控弦之士三十餘萬」，時常侵擾漢王朝的邊境，對漢王朝造成嚴重的威脅。當時的敦煌地區，在匈奴趕走月氏以後，匈奴單于「使其部昆邪王駐牧」[12]，與河西走廊東段的休屠王一起成為匈奴進擾漢王朝西方邊境的一個根據地。

漢代初年，由於國家剛剛建立，經濟尚未恢復，內部統治亦不夠鞏固，當然無力進行反擊，因而只得採取和親的政策，每年給匈奴貴族送去絮繒、酒食，企圖以此來換取北方邊境的安寧。但是這種政策，正如後人所譏刺的：「漢家青史上，計拙是和親」，它並沒有也不可能減少匈奴貴族對北方邊境的擄掠。相反的，邊境的緊張形勢，越來越嚴重。一直到漢武帝即位以後，由於經過了幾十年的積蓄和準備，才開始了大規模的軍事反擊。

西漢武帝時期對匈奴主要發動了三次進攻，而攻占河西的戰爭，則是在武帝元狩二年（前 121），由驃騎將軍霍去病率領的。這年春天，霍去病率萬騎出隴西，大破匈奴，越過了焉耆山（在今甘肅山丹縣東南），猛追了千餘里，俘虜了渾邪王的王子，繳獲了休屠王的祭天

11　《史記》卷一二三《大宛列傳》，第 3162 頁。

12　道光十一年《敦煌縣志》卷二，臺北成文出版社 1970 年版，第 87 頁。

金人。到了這年夏天，霍去病又引軍出隴西、北地，過居延澤，進至祁連山，斬獲甚眾。這次戰爭的勝利、促使了匈奴內部的分化，匈奴單于「怒渾邪王居西方，數為漢兵所破，亡數萬人」，欲詔誅渾邪王，因之，「渾邪王、休屠王謀欲降漢」。[13]漢武帝便命霍去病將兵前去迎接。休屠王中途反悔，為渾邪王所殺。渾邪王帶領四萬部眾，投降了漢朝，被安置在隴西等邊五郡塞外，稱作「五屬國」。至此，河西遂為漢王朝所直接統轄。就在這一年，漢王朝在河西設立了武威、酒泉二郡。[14]敦煌一帶，則屬酒泉郡所管轄。到元鼎六年（前111）漢武帝又「分武威、酒泉地置張掖、敦煌郡」[15]。歷史上所謂的「河西四郡」，到這時完全確立了。敦煌這個名字，也是從這時才開始有的。

　　西漢時期的敦煌郡，根據《漢書·地理志》所載，統轄六個縣，即敦煌、冥安、效谷、淵泉、廣至、龍勒。當時的敦煌郡，大致上是疏勒河以西，陽關、玉門關以東的一大塊土地，包括現今敦煌市、瓜州縣及肅北蒙古族自治縣的一部分。這六個縣的具體所在大致如下：

　　敦煌縣，在今敦煌市的西南，濱臨黨河西岸。常鈞說：「沙州之西，本有故城，即漢敦煌郡治，經黨水北衝，圮其東面，雍正三年，於故城東另築衛城，周圍三里三分，開東南西三門。」[16]《重修敦煌縣志》亦說：「城在縣西里許，濱臨黨河西岸，遺址尚存，其西北一角，

13　《漢書》卷五五《霍去病傳》，第2482頁。

14　《漢書》卷六《武帝紀》，第176-177頁。有人根據《漢書》卷九四《匈奴傳》：「是時，漢東拔濊貊、朝鮮以為郡，而西置酒泉郡，以隔絕胡與羌通之路」（第3773頁），以為酒泉郡最先設置，武威郡在後。

15　《漢書》卷六《武帝紀》，第189頁。有人根據《漢書·地理志》：「敦煌郡，武帝后元年分酒泉置」（第1614頁），以為敦煌置郡最後。此點齊召南在《漢書·地理志》註釋中載有辨正，敦煌置郡應在元鼎六年。

16　常鈞：《敦煌雜抄》卷上《沙州里》，第23頁。

高猶數丈。」[17]現在的敦煌城在黨河東南，是清代雍正初年所建，非漢代之敦煌縣。

　　冥安縣，冥安以冥水得名。《元和郡縣圖志》之「瓜州晉昌縣」條：「晉昌縣，本漢冥安縣，屬敦煌郡，因縣界冥水為名也。」冥水，即疏勒河。《玉門縣志‧古蹟》「冥安廢縣」條：「……《漢書‧地理志》云，冥安縣有南籍端水出南羌中，西北入境，其澤溉民田，即今之疏勒河，水界於柳溝、靖逆之間，今之衛城，不必即古之縣治，其西為冥安縣地方無疑也。」[18]漢代冥安縣的縣治，這裡只說在玉門以西，並沒有具體位置。《甘肅新通志》、《甘寧青史略》以及《重修肅州新志》都認為漢代的冥安縣在安西的西南，似不正確。據《漢書‧地理志》補註，漢之冥安縣，「晉為晉昌縣，唐為瓜州治」。《通典》卷一七四：「晉昌，漢冥安縣地。」《重修敦煌縣志》卷二「冥安廢縣」條：「冥安在今縣治東，《元和志》瓜州晉昌縣本漢冥安縣，東南至肅州四百八十里，西至沙州三百里，云冥安有籍端水，今蘇賴河，故城疑在今小灣、雙塔堡、布隆吉等處。」吳承志《漢書地理志水道圖說補正》：「冥安，晉昌故城。洪氏亮吉《乾隆府廳州縣圖志》云，在安西州東，《元和志》縣東二十步有玉門關，東北八十里有合河戍，南一百六十里有雪山，積雪夏不消。玉門關為玉門縣西出之關，合河即冥水與玉門縣水合流之河，水道記，枯河與靖逆渠古時會合於此，故曰合河。雪山今布隆勒河源以南之大山。以三地地理數校之，晉昌所在乃州東南，非正東。」向達、閻文儒同仁以為現在的鎖陽城廢圩即唐代的瓜州

17　呂少卿：《重修敦煌縣志》卷二《敦煌廢郡》，甘肅人民出版社1981年版，第34頁。

18　此《玉門縣志》係手抄本，無年代，其書所載最晚為嘉慶甲子年（1804），約為嘉慶晚期或道光年間所修。

城。[19]《中國歷史地圖集》所標漢冥安縣亦在今瓜州縣的東南,與閻文儒同仁所指大致相符,我以為是正確的。

效谷縣,顏師古注曰:「本漁澤障也,桑欽說孝武元封六年,濟南崔不意為魚澤尉,教力田,以勤效得谷。因立為縣名。」其地理位置,《甘寧青史略》、《甘肅新通志》以為在敦煌東,《重修肅州新志》、《甘肅地理沿革圖表》,則以為在安西衛西。《讀史方輿紀要》則又說:「效谷城,在〔沙州〕衛東北。」都沒有說出具體的地點。《中國歷史地圖集》亦依此,雖把效谷縣標在敦煌縣的東北,但未標明縣治的具體位置。據敦煌石室發現的《沙州都督府圖經》:「古效谷城在州東北三十里,是漢時效谷縣。」《重修敦煌縣志》卷二「效谷廢縣」條:「辛卯侍行記,師古曰漁澤障,疑在今敦煌東北折腰湖左右。」折腰湖,考道光《敦煌縣志》之《疆域總圖》在敦煌城東北,位於黃墩堡及清水墩之間。該書卷三《牧地》;「黃墩營牧地一處,在東南折腰湖一帶,距本營三十里。」又《敦煌隨筆》卷上《沙州》:「東北七十里至黃墩營。」[20]以此校《沙州都督府圖經》,道里完全相符。向達先生以為漢效谷縣在今瓜州縣的西湖[21],距敦煌似乎太遠了。

淵泉縣,《漢書‧地理志》顏師古注引闞駰云:「地多泉水故以為名。」王先謙《補註》說:「後漢因《續志》作拼泉,《一統志》故城在今淵泉縣東,其縣東二百五十里有三道溝,自此西至柳溝衛東二里又有四道至三十道七溝,皆草地出泉,北入蘇賴河,惟四道溝泉流特

19　向達:《兩關雜考——瓜沙談往之二》,載《唐代長安與西域文明》,河北教育出版社 2001 年版,第 378 頁。閻文儒《河西考古雜記》,載《文物參考資料》1953 年第 12 期。

20　道光十一年《敦煌縣志》卷三《城池》也說:「黃墩堡在敦煌城正北六十三里」,第 129 頁。

21　向達:《西征小記——瓜沙談往之一》,載《唐代長安與西域文明》,第 340 頁。

盛，即所云昌馬河，乃蘇賴河源也，闞謂地多泉水，並即指此。」《讀史方輿紀要》卷六四亦説：「淵泉城在〔沙州〕衛東北，漢時屬敦煌郡。」《補註》、《紀要》雖指出了淵泉縣的大概方位，但未指出縣治具體地點，《甘寧青史略》、《甘肅新通志》以及《新斠注地理志集釋》等均以為清初所置的柳溝衛，即漢代的淵泉縣地，縣在安西之東。《重修敦煌縣志》卷二「淵泉廢縣」條説：「闞駰云，多泉水，章懷太子注《後漢書·張奐傳》云，故城在晉昌縣東北，當在今州東四道溝、柳溝堡諸處。」常鈞《敦煌隨筆》卷上《柳溝》説：「其四道溝之北，柳溝衛舊堡在焉，東南至三道溝二十里，西南至布隆吉七十里。四道溝原係昌馬河故道，水勢最旺。」又《甘肅新通志》卷一三《安西直隸州·淵泉廢縣》以為淵泉廢縣在「州東舊柳溝衛東」，而舊柳溝衛故城則在布隆吉爾，其東則亦在四道溝一帶。[22]以此對照《漢志補註》，亦大致相符。《中國歷史地圖集》所標淵泉縣，也在此處附近。

　　廣至縣，《後漢書·蓋勳傳》註：「（廣至）故城在唐常樂縣東，謂之懸泉堡。」唐代的常樂縣，不是西涼的常樂郡治和隋代的常樂縣，此點《讀史方輿紀要》已經指出：「常樂城，在廢瓜州西百里，漢冥安縣地，……西涼於此置常樂郡……隋開皇初廢郡，因改縣為常樂。唐武德四年，改置晉昌縣，五年又於漢廣至縣地，改置常樂縣，屬瓜州。」向達先生在《兩關雜考》一文中亦曾加以辨正。唐代的常樂縣，按《元和郡縣圖志》，「東至州一百十五里」，唐代的瓜州，有的説在鎖陽城廢圩，有的説在雙塔堡附近，而懸泉堡，則由懸泉水而得名，呂少卿以為懸泉水即敦煌「甜水井以南之挖密泉，距甜水井六七里」[23]。

22　柳溝衛於雍正初年移布隆吉，見常鈞《敦煌隨筆》卷上《柳溝》，第65頁。

23　呂少卿：《重修敦煌縣志》卷二《懸泉水》，第31頁。

向達先生也説：「貳師將軍之懸泉據云即在甜水井南十餘里三危山下，俗名吊吊水。」[24]距唐之瓜州就不止百里之數了，顯然，把懸泉堡作為廣至縣址是不正確的。《讀史方輿紀要》卷六四，以為廣至城「在廢瓜州西北」。而《重修敦煌縣志》卷二《廣至廢縣》以為在今瓜州縣踏實堡，或踏實堡西北二十里之破城子。廣至，至北魏改名大至，「踏實，大至之轉音」。如果我們以鎖陽城廢圩為唐之瓜州，踏實堡附近之破城子，恰在州之西北，惟兩地距離不如《元和郡縣圖志》所説有一百一十五里，此點未得正確解釋。

龍勒，因龍勒山而得名。據晉天福七年州學翟博士所寫《壽昌縣地境》説：「龍勒山，縣南百八十里，周時龍馬朝出咸陽，暮止壽昌，因以此山之下，遺其銜勒，故名龍勒山。」龍勒，即唐之壽昌縣。「西北（應是東北之誤）去州一百二十里，公廨一百九十五千，戶三百五十九，鄉一，右本漢龍勒，魏正光六年改為壽昌郡，屬瓜州，故書云，舊瓜州即沙州是也。」今敦煌縣西南南湖公社，即當時的龍勒縣，陽關、玉門關俱在龍勒縣境內。[25]還要説一點是，根據《壽昌縣地境》，漢時的渥窪水，即唐時的壽昌海。「壽昌海，源出縣南十里，方圓一里，深淺不測，即渥窪水也，長得天馬之所。」道光《敦煌縣志》及《重修敦煌縣志》均以敦煌城南之月牙泉為漢時的渥窪水，是不正確的。

西漢武帝時敦煌郡所置六縣的位置，大致如上。至王莽統治時期，曾將敦煌郡改名敦德郡，縣亦改名敦德亭，廣至改名廣桓。至東漢時，敦煌郡仍設六縣，只不過是將淵泉改名為拼泉罷了。

24　向達：《西征小記——瓜沙談往之一》，載《唐代長安與西域文明》，第336頁。

25　向達：《西關雜考——瓜沙談往之二》，載《唐代長安與西域文明》，第336頁；陳夢家：《玉門關與玉門縣》，載《考古》1955年第九期。

　　至於西漢時敦煌郡之人口，自渾邪王率部眾遷居五屬國以後，這裡人口是很稀少的。在敦煌還屬於酒泉郡時，武帝於元狩五年即下令「徙天下奸猾吏民於邊」。大概也有些民戶被遷到敦煌一帶的。到元鼎六年設置敦煌郡後，立即又「徙民以實之」[26]。根據《漢書·地理志》所說：「自武威以西，本匈奴昆邪王、休屠王地，武帝時攘之，初置四郡，以通西域，隔絕南羌、匈奴。其民或以關東下貧，或以報怨過當，或以悖逆無道，家屬徙焉。習俗頗殊，地廣民稀，水草宜畜牧，故涼州之畜為天下饒。」整個河西四郡，還都是個人口稀少、比較荒涼的地區。西漢之戶口，以平帝元始時為最盛，當時敦煌有戶一萬一千二百，口三萬八千三百三十五。勞貞一先生曾以此作過推算，前漢時敦煌郡共有六縣，面積約合十四萬九千七百五十平方公里，以上面的人口數除之，則每縣僅有六千三百八十九人，每平方公里只零點三人。[27]每戶不到四人。

　　至東漢時，據《續漢書·郡國志》，順帝永和年間，敦煌郡有戶七百四十八，口二萬九千一百七十。以口而論，比西漢減九千一百九十五，而戶則減一萬零四百五十二戶。顯然，郡國志所記戶數是有錯誤的。我以為七百四十八之「百」字，當為「千」字，按西漢時戶與口之比約為一比四，以此計算，東漢有口二萬九千餘，戶應有七千餘。按縣平均每縣約五千人左右。東漢敦煌郡之戶口所以比西漢為少，這是由於東漢初年與匈奴不斷衝突，將人口徙於內地的結果，以後曾招民實邊，或募死囚發邊郡，但邊郡人口仍未復原。以敦煌郡而言，東漢時戶口固然比西漢少了一些，如果我們把西漢的北方邊郡來做一比

26　《漢書》卷六《武帝紀》，第 189 頁。

27　勞幹：《兩漢郡國面積之估計及口數增減之推測》，載《中央研究院歷史語言研究所集刊》第五本第二分，1935 年，第 218 頁。

較，敦煌郡還是人口減少最少的一郡。[28]

三

敦煌在立郡以前，據《尚書‧禹貢》屬於古雍州。漢武帝設立了河西四郡之後，敦煌郡屬於涼州。至東漢末年，漢獻帝又曾一度設置雍州，「自三輔距西域皆屬焉」[29]。曹丕代漢建魏，又分置涼州，敦煌郡重新劃歸涼州管轄。

《三國志》一書，沒有地理疆域的專篇，敦煌雖然稱郡，但領縣多少，至今尚有爭議。清代學者洪亮吉作《補三國疆域志》兩卷，以為曹魏時敦煌郡領縣十一，除原有漢代所置的敦煌、龍勒、效谷、廣至、冥安、淵泉以外，尚有：

昌蒲，《郡國志》敦煌無昌蒲及新鄉二縣，今從《晉書‧地理志》。
陽關，《元和郡縣圖志》魏立。
宜禾，魏分廣至立。
伊吾，《元和郡縣圖志》，漢置伊吾司馬，至魏立為縣。按《晉書‧地理志》有新鄉，為晉惠帝所立，今不錄。
乾齊，漢舊縣，屬酒泉。[30]

可是，謝鍾英的《三國疆域表》以為當時敦煌郡只有八縣，除了漢代原有的六縣以外，另有宜禾、拼泉兩縣。吳增僅、楊守敬的《三

28　勞幹：《西漢戶籍與地理之關係》，載《中研院歷史語言研究所集刊論文類編》，中華書局 2009 年版，第 44-45 頁。

29　《晉書》卷一四《地理志》，第 430 頁。

30　洪亮吉撰，謝鍾英補註：《補三國疆域志》卷二，載《二十五史補編》，開明書店 1936-1937 年版，第 3081 頁。

國郡縣表附考證》也認為三國曹魏的敦煌郡只有八縣，在漢原有六縣之外，有宜禾（《元和郡縣圖志》魏分廣至立）、陽關（《元和郡縣圖志》魏立）。顯然，洪氏《補三國疆域志》的領縣數是根據《晉書‧地理志》而來的。對此，謝鍾英在《補三國疆域志補註》中作了一些修正，以為昌蒲縣「無魏立明文」，不應列入；《三國郡縣表附考證》也認為「洪《志》據《晉志》以昌蒲為郡治，今按敦煌太守屢見於《志》，昌蒲一縣略無可考，疑洪氏誤，今從《郡國志》」。我覺得他們所說是很有道理的，三國的敦煌郡，不應列入昌蒲縣。

陽關縣，謝氏《補註》說：「鍾英按《元和郡縣志》，陽關在壽昌西六里，後魏嘗於此置陽關縣，周廢，洪氏以元魏為曹魏，誤甚。」陽關縣三國時尚未設立，當然也不應算作敦煌郡之領縣。

宜禾縣，「《元和郡縣志》，魏分廣至置宜禾縣，後魏明帝后置常樂郡，武德五年置常樂縣，鍾英按，故城在今敦煌縣東一百十五里」[31]。此點在論後漢廣至縣時即曾說過，唐代的常樂縣不是隋之常樂縣。隋之常樂縣，即唐之晉昌縣，為瓜州的治所。唐之常樂縣應在踏實堡附近。謝氏《補志》沒有加以區分，將兩地混同起來了。《讀史方輿紀要》說：「宜禾城，在廢瓜州東北二十里，漢廣至縣有崑崙障，為宜禾都尉治。」而《方輿考證》以為宜禾廢縣在「（安西）州西北。」《太平寰宇記》：「晉昌縣宜禾故城，漢宜禾都尉所居，城在縣西北界。」崑崙障，《方輿考證》認為即「安西州西北一帶之山磧也」。根據以上材料，宜禾縣應在今瓜州縣的西北，《太平寰宇記》所說在晉昌西北，唐之晉昌為鎖陽城廢圩，則今瓜州縣正好在其西北。至於《讀史方輿紀要》所說在廢瓜州東北，疑東字為西字之誤，抑或所指廢瓜州不是

31　《補三國疆域志》，第3081頁。

唐之瓜州，係指今瓜州縣西南之瓜州故城。

　　拼泉縣，即淵泉縣。《續漢書・郡國志》淵泉作拼泉。《晉書・地理志》有淵泉而無拼泉，疑是一地。

　　乾齊縣，兩漢時屬酒泉郡，至曹魏時，據《三國志・閻溫傳》，文帝初年，酒泉黃華、張掖張進發動叛亂，敦煌長史張恭遣其從弟張華「攻酒泉沙頭、乾齊二縣」。則乾齊仍屬酒泉郡甚明，不應算為敦煌郡之內。

　　伊吾縣，《三國郡縣表附考證》說：「今考《通典》、《元和志》、《寰宇記》諸書，言漢後皆為伊吾屯田兵鎮之所，未為郡縣，至後魏始置為縣，疑晉氏已誤，洪氏又誤據也。」據此，伊吾縣亦不應列入曹魏時敦煌郡所屬的縣。

　　從以上可見，三國曹魏時敦煌郡屬縣除了兩漢原有六縣之外，僅只增了宜禾一縣，但從地理面積來說，並沒有增加。

　　曹魏時敦煌郡的人口，《三國志》一書沒有記載，但我們根據有關資料可以作出大概的估計，經東漢末年戰亂之後，州郡殘破，人戶蕭條，杜恕即說過：「今大魏奄有十州之地，而承喪亂之弊，計其戶口，不如往昔一州之民。」[32]河西地區，因東漢政權鎮壓羌人的戰爭，受到了嚴重的破壞，及至魏政權建立前後，又有「武威顏俊、張掖和鸞、酒泉黃華、西平麴演等並舉郡反，自號將軍，更相攻擊」。這時涼州盧水胡伊健妓妾、治元多等也乘機起兵，於是「河西大擾」[33]。不斷的戰亂，使河西人口急遽下降。如魏文帝時，蘇則為金城郡太守，初至官時，「戶不滿五百，則到官，內撫凋殘，外鳩離散，今見戶千餘」[34]。

32　《三國志》卷一六《魏書・杜畿傳附杜恕傳》，第499頁。

33　《三國志》卷一五《魏書・張既傳》，第474頁。

34　《三國志》卷一六《魏書・蘇則傳》引《魏名臣奏》，第491頁。

東漢時金城有戶三千八百五十八，曹魏時則只剩下三分之一強一些了。敦煌郡的情況大致亦應當同河西各郡相似。如果我們以金城的比例來計算敦煌的人口，敦煌郡東漢時有戶七百（誤千字）四十八，口二萬九千一百七十，曹魏時的敦煌郡，比東漢時三分之一強，大約只有一萬餘人了，每縣平均不到二千人。

西晉時的敦煌郡，按《晉書・地理志》，統縣十二，即昌蒲、敦煌、龍勒、陽關、效谷、廣至、宜禾、宜安、深泉、伊吾、新鄉、乾齊。《晉志》原以武帝太始、太康的建置為準的，而其實卻又不然，正如方愷所說，書中體例不一，自相矛盾。[35]畢沅亦說：「若以太康之前為據，則南郡不宜有監利也，以太康之後為據，則南郡不宜有華容也，而今《志》則兩縣並載。」[36]這類情況亦存在於敦煌郡。據《晉志》所載，「元康五年，惠帝分敦煌郡之宜禾、伊吾、宜安、深泉、廣至等五縣，分酒泉之沙頭縣，又別立會稽、新鄉，凡八縣，為晉昌郡」。新鄉縣既是元康時建立，就不應列入太康時敦煌郡的屬縣，同時，新鄉立縣之後，即屬晉昌郡，也更不應算作太康以後敦煌郡的屬縣。

至於陽關縣、伊吾縣，上面已經說過，乃元魏時所立，當然也不應算在敦煌郡之內。這樣，西晉時敦煌郡實有屬縣為九縣，即昌蒲、敦煌、龍勒、效谷、廣至、宜禾、宜安（即漢冥安）、深泉（即淵泉）、乾齊等縣。除漢所置六縣及魏所置宜禾外，尚有昌蒲、乾齊兩縣。昌蒲縣，如上所引，史志各書，略無可考。《中國歷史地圖集》將此縣標在今肅北蒙古自治縣的治所，不知何據。道光《敦煌縣志》、《敦煌疆域總圖》在此處標為黨城，並在卷七「黨城」條說：「衛志在敦煌城南

35　方愷：《新校晉書・地理志》序，載《二十五史補編》，第 3561 頁。

36　畢沅：《晉書地理志新補正》，載《二十五史補編》，第 3529 頁。

百餘里，黨水所經，牆垣猶存，年代莫考。」《重修敦煌縣志》卷二亦說：「黨城在縣南一百六十里黨河口，城基尚存，不知建自何年。」有待進一步考證。

乾齊縣，原為西漢所置，屬酒泉郡。《漢書·地理志》補註引《一統志》，以為乾齊在「今玉門縣西南」。《甘肅省新通志》、《方輿考證》皆同。據《讀史方輿紀要》則認為乾齊城「在（肅州）衛西北」。《甘肅省地理沿革圖表》將乾齊縣標在今玉門鎮的東北，而《中國歷史地圖集》則又標在今玉門鎮附近，並不指明縣治所在地點。乾齊縣治到底應在何處，還有待考證，但原為酒泉郡的屬縣一點，是無可懷疑的。

儘管昌蒲、乾齊兩縣的縣治還不可能指出其具體地點，但根據以上資料，我們還可以劃出敦煌郡的大致範圍，即包括今敦煌市、瓜州縣及肅北蒙古族自治縣的北部，玉門市的西部，比之兩漢時的敦煌郡則更大一些了。

西晉時敦煌郡面積雖比兩漢時為大，但戶口卻比兩漢時減少了。按《晉志》所載，西晉時敦煌郡有戶六千三百，沒有人口的數字，如果我們以西漢時每戶不到四人的比例計算，則當時實有人口不到二萬五千人。以當時實有九縣平均，每縣不到三千人，和西漢時之戶口比，少了一半還多，比之曹魏時期，則又大大地增加了。這大概是西晉初年社會比較安定，流民逐漸回到故土的緣故。

四

西晉統一的局面沒有維持很久，經永嘉之亂，即進入了十六國的大分裂時期。敦煌於十六國時期前後為前涼、前秦、後涼、西涼、北涼等政權所管轄。

前涼政權是張軌所建立的，早在晉惠帝統治時期，張軌就「以晉

室多難，陰圖保據河西，追竇融故事」[37]。惠帝永寧初年，他即謀求到了護羌校尉、涼州刺史的職位，出牧河西。當時的涼州統屬九個郡，即金城郡、西平郡、武威郡、張掖郡、西郡、酒泉郡、敦煌郡、西海郡以及惠帝元康五年分敦煌、酒泉所立的晉昌郡。[38]張軌至涼州後，所謂「徵九郡冑子立學校」[39]，即指此九郡。以後，張軌又上表「請合秦雍流移人於姑臧西北，置武興郡」，「又分西平置晉興郡」[40]。所以，在張軌統治河西時期，涼州實有十一個郡。及至永嘉大亂，中原淪沒，司馬睿跑到江東建立起東晉政權，張軌雖然仍奉晉室年號，但河西一隅，事實上已與東晉政權完全隔絕，形成一個獨立的地方政權，後來演變為前涼政權。

前涼時的敦煌郡，原屬涼州，至張軌時，《晉書・地理志》説：「駿分……敦煌、晉昌，西域都護，張茂以校尉，玉門大護軍三郡三營為沙州。」所以稱之為沙州，《元和郡縣圖志》説：「前涼張駿置沙州，蓋因鳴沙山為名。」至此，敦煌又改屬沙州。然而，《晉書》的這段材料是有些疑問的，所説沙州三郡，實際上只指出了敦煌、晉昌兩郡，尚缺一郡；所説三營，實際上僅指出了兩營，即西域都護、玉門大護軍。對這段記載，洪亮吉氏在《十六國疆域志》中曾指出《晉志》「文法不甚可解，疑有錯誤」。他以為：「張駿分涼、河諸州，內無西海，則西海屬沙州無疑。」「疑敦煌、晉昌四字下，脱西海二字。」[41]洪氏所説《晉志》原文有脱漏，無疑是正確的，然而以西海屬沙州，似乎

37　《十六國春秋輯補》卷六七《前涼錄》，第 481 頁。

38　《晉書》卷一四《地理志》第 434 頁。

39　《晉書》卷八六《張軌傳》，第 2222 頁。

40　《晉書》卷一四《地理志》，第 434 頁。

41　洪亮吉：《十六國疆域志》卷七，文海出版社 1968 年版，第 534 頁。

不甚妥當。按《晉書・地理志》所載：「西海郡，故屬張掖郡，漢獻帝興平二年，武威太守張雅請置。」統縣一，即居延。從地理位置上來看，居延在張掖的北面，所以漢時居延屬涼州張掖郡。而按前涼的建置，屬於沙州的晉昌郡，在今瓜州、玉門之間，其東才是涼州的酒泉郡與張掖郡，如按洪氏所說，那就是西海郡不同相近的張掖、酒泉兩郡一起，歸屬於涼州，而是要越過酒泉、張掖兩郡，由沙州來管轄了，這在中國郡縣劃分上是沒有先例的，也是絕不可能的。因此，我以為前涼的沙州三郡，不應包括西海郡，除《晉志》所指出的敦煌、晉昌以外，我想應指的是高昌郡。《晉書・張軌傳》說，張駿時「分州西界三郡置沙州，東界六郡置河州」。前涼西界三郡，當然是高昌、敦煌、晉昌，不應將西海郡列入。關於這一點，《魏書・張駿傳》說得最為確切：「以敦煌、晉昌、高昌、西域都護、戊己校尉、玉門大護軍三郡三營為沙州，以西胡校尉楊宣為刺史。」前涼時的沙州有高昌而無西海，我以為是沒有疑義的。

至於《晉志》中「張茂以校尉」一句，《東晉南北朝輿地表》據此便以為沙州係張駿所置[42]，顯然是沒有根據的。我以為「茂」、「戊」兩字的字形極其相似，「張茂以校尉」，應是「戊己校尉」之筆誤，所謂三營，即指戊己校尉、玉門大護軍、西域都護。上引《魏書・張駿傳》便是將戊己校尉作為沙州的一營。

為了證明高昌郡不應列入沙州三郡之內，洪氏引《晉書・張軌傳》說：「初，戊己校尉趙貞不附於駿，至是駿出擒之，以其地為高昌郡。」又引《元和郡縣圖志》：「晉成帝咸和中，張駿於高昌壁置高昌郡。」認為張駿設置沙州在前，建立高昌郡在後，因此沙州三郡不應有高昌

42　徐文范：《東晉南北朝輿地表・年表》太寧元年，載《二十五史補編》，第6742頁。

在內。然而，高昌郡之設立，據現有資料來看，大約有兩種說法：一是《周書·異域傳》所說：「高昌者，車師前王之故地。……漢西域長史及戊己校尉，並治於此。晉以其地為高昌郡。張軌、呂光、沮渠蒙遜據河西，皆置太守以統之。」即是說西晉及張軌統治時已設置高昌郡。二是顧野王《輿地記》所載：「晉咸和二年置高昌郡立田地縣。」《前涼錄》也說，張駿太元四年（晉成帝咸和三年），「西域長史李柏，請擊叛將趙貞，為貞所敗」。太元六年（晉成帝咸和五年）張駿擒趙貞，「以其地為高昌郡」。至太元十二年（晉成帝咸康二年），才記載張駿分西界三郡置沙州。[43]由上可知，如若以前一種說法為據，高昌郡早在西晉時即已設立了，張駿設置沙州當然在後。就以後一種說法為據，也應是高昌郡設立在前，在晉成帝咸和年間，劃分沙州在後，這時已是晉成帝咸康年間的事了，時間順序也正好說明高昌郡應屬於沙州。《前涼錄》的記載是完全同《晉書》及《魏書》相吻合的。

還有一點尚需解釋的是，張駿既以戊己校尉之地置高昌郡，那麼，《晉志》所指三郡三營既有戊己校尉，又有高昌郡，豈不是一地兩名了嗎？其實不然，自漢魏以來，郡是行政系統，校尉原屬軍事性質的屯戍組織，兩種組織同時存在完全是有可能的。這種例子在西晉十六國時期是很多的，如西晉敦煌郡的宜禾縣，既有縣令，也有宜禾都尉[44]，又如西涼李暠時，就以其子李讓為西夷校尉、敦煌太守，地方行政組織與軍事屯戍組織共同存在。

前涼在張駿以後，又曾一度取消了沙州，乃為敦煌郡。至張祚時，《晉書·地理志》說：「張祚又以敦煌郡為商州。」《十六國疆域志》

43　《十六國春秋輯補》卷七〇，第 501 頁。

44　洪亮吉：《十六國疆域志》卷七「涼興郡宜禾縣」條，第 539 頁。

在說到商州時，以為商州「凡統舊郡一，增置郡二，縣可考者九」。關
於此點，我以為也是有些疑問的。先從屬郡來說，所謂郡一，即指敦
煌郡；增置郡二，即指涼興郡、延興郡。延興郡，洪氏亦曾注出：「不
知何時所立，郡名亦惟見《前涼錄》，他書無之，今姑附涼興郡後。俟
考。」可見以延興郡屬商州本來就是沒有根據的。涼興郡，按《晉書‧
涼武昭王傳》所載，段業「分敦煌之涼興、烏澤、晉昌之宜禾三縣為
涼興郡」。據此涼興郡應在北涼初年建置，前涼時尚沒有涼興郡。然
而，《晉書‧呂光載記》又說，呂光征討王穆時，他「率步騎二萬，攻
酒泉克之，進次涼興」。則涼興在後涼時已經置郡。《資治通鑑》在記
述此事時，胡注云：「涼興郡，河西張氏置，在唐瓜州常樂縣界。」[45]
則涼興郡又係前涼所置了。如按胡注，當然可以將它稱作前涼時商州
的屬郡了。其次，到底在敦煌一帶是否曾設過商州的問題，洪氏曾引
《前涼錄》說：「隆和元年，張玄靚以商州為祁連郡。」此事記載在張
祚的「以敦煌郡為商州」之後，如按這一記載，似乎敦煌郡又曾改稱
祁連郡了。可是，《晉書‧地理志》又載：永興中，張祚「置漢陽縣，
以守牧地，張玄靚改為祁連郡」。此一祁連郡又似乎不是商州改名的。
一般來說，郡以祁連為名，多在張掖、酒泉附近。《涼州記》云：「祁
連山，張掖、酒泉二界之上，東西二百里，南北百餘里。」《中國歷史
地圖集》及《甘肅地理沿革圖表》均將前涼的祁連郡標在張掖的西南。
《甘肅省新通志》卷一三「甘州府」條也認為「祁連郡在〔張掖〕縣西
南。……胡氏《通鑑》注城在祁連山旁故名。《方輿考略》，即單于城，
在衛南洪水堡南三十里，故址尚存。」因此，我疑商州恐係沙州之誤，
否則如此矛盾就無法可以解釋了。

45　《資治通鑑》卷一○七，第 3381 頁。

　　前涼時的敦煌郡，按洪氏《十六國疆域志》所載，領縣六，即昌蒲，敦煌、龍勒、陽關、效谷、乾齊。昌蒲縣，史無可考。陽關縣，上面已曾指出，陽關立縣是在元魏時期，此時有陽關而尚無陽關縣。乾齊縣，原係酒泉郡最西邊的一縣，晉惠帝初年，曾一度隸屬敦煌郡，但是，在元康五年分敦煌、酒泉兩郡置晉昌縣以後，乾齊似不應為敦煌的屬縣。晉昌郡的範圍，大約是現在玉門之西、瓜州之東的一大塊地方，而乾齊縣不管按《漢書・地理志》補註引《大清一統志》所說，在玉門西南，還是按《讀史方輿紀要》所載，在肅州之西北，在乾齊縣與敦煌之間，都隔著個晉昌郡，要敦煌郡跳過晉昌郡來管轄乾齊縣，這是不可能的。由此可見，前涼時的敦煌郡，洪氏所指六縣，實際上管轄的應是四縣，即昌蒲、龍勒、敦煌、效谷。另外，據《晉書・涼武昭王李玄盛傳》及《資治通鑑》胡注，尚有涼興、烏澤二縣，前涼時原屬敦煌郡，後來改屬涼興郡。烏澤，史無可考。涼興，據《西涼錄》，李暠「遣宋繇東伐涼興，並擊玉門以西諸城，皆下之」[46]。可見涼興應在敦煌之東，玉門之西。《讀史方輿紀要》以為：「涼興城在廢瓜州西百七十里。」《甘肅地理沿革圖表》將其標在今瓜州縣的東邊，緊靠安西城。我們如果以唐代的瓜州定在廢鎖陽城的話，將涼興標在今瓜州縣之東，對照《紀要》所計道里，亦約略相似。

　　從上可見，以前涼時敦煌郡管轄地區最大的時候來看，也即是在分立涼興郡之前，涼興、烏澤二縣仍屬敦煌郡統轄時期，敦煌一郡曾統轄六縣，即昌蒲、敦煌、龍勒、效谷、烏澤、涼興。大致相等於現在敦煌市及瓜州縣的西部，肅北蒙古族自治縣的北部。比起西晉時的敦煌郡則要少得多了。到建立涼興郡以後，敦煌郡只有四縣，大致只

46　《十六國春秋輯補》卷九二《西涼錄》，第 635 頁。

有今敦煌市及肅北蒙古族自治縣北部了，統轄範圍就更小了。

　　前涼政權傳至張天錫的時候，為前秦所滅，涼州郡縣悉為前秦所管轄，敦煌郡是前秦涼州的屬郡。前秦的敦煌郡，按《十六國疆域志》所載，領縣十二，即昌蒲、敦煌、龍勒、陽關、效谷、廣至、宜禾、冥安、淵泉、伊吾、沙頭、乾齊。同西晉時的敦煌郡相比，除新鄉換為沙頭以外，其餘十一縣是完全相同的。對這一點洪氏在「晉昌郡」條之下有一解釋：「案《元和郡縣志》，張駿以西胡校尉楊宣為沙州刺史，後三年宣讓州，復改為敦煌郡，疑前秦時敦煌郡所屬諸縣，已歸敦煌，晉昌郡所屬縣，當止惠帝時別立會稽、新鄉二縣也。俟再考。」洪氏對這一劃分法，他自己也是抱著懷疑的。我們如果對照有關的記載，並將這些縣放在今日的地圖上加以校訂，也覺得有許多疑問不能解釋。第一，洪氏所列敦煌郡屬縣是自相矛盾的。宜禾縣，洪氏既將之作為敦煌郡屬縣，又在涼興郡下記有宜禾縣；敦煌郡有沙頭縣，在酒泉郡下亦有沙門縣（沙門，當為沙頭之誤）。第二，晉惠帝元康五年，《晉志》所載將敦煌郡的宜禾、伊吾、冥安、淵泉、廣至五縣，以及酒泉郡的沙頭縣劃歸晉昌郡，前涼、前秦時，晉昌郡未廢[47]，何以將晉昌所屬各縣改歸敦煌？所引《元和郡縣圖志》「〔楊〕宣讓州，復改為敦煌郡」一事，只能有兩種解釋，一是楊宣讓掉沙州刺史的職務以後，沙州廢掉了，本來沙州的治所在敦煌郡的，現在既沒有這個行政組織，自然是重新改為敦煌郡。如按此說，沙州本來屬郡有三，即敦煌、晉昌、高昌，這三郡都是地位相等的。為什麼晉昌所屬縣都劃給敦煌管轄而只剩下了兩個縣呢？二是楊宣讓掉沙州刺史職務以後，沙

47　《晉書》卷一二二《呂光載記》說：「蒙遜從兄男成，先為將軍，守晉昌」，第3061頁。可見前秦到後涼時期仍有晉昌郡。

州未廢，他的職務改為敦煌太守。如按此說，沙州仍然存在，沙州不僅統轄敦煌的所有屬縣，同時也統轄前涼西界三郡所有的縣，而為什麼將晉昌郡中的會稽、新鄉兩縣又要同其他縣分開呢？不管按哪一種說法，都不應如洪氏的劃分。第三，對照現在的地圖，那就更無法解釋了。據《晉志》，晉惠帝時，已設立了晉昌郡，《資治通鑑》胡注以為前涼時就建置了涼興郡。這兩郡的位置，無論是《中國歷史地圖集》還是《甘肅地理沿革圖表》，都是標在瓜州與玉門之間。前涼時，各種史籍都沒有廢止這兩個郡的記載，洪氏亦承認當時存在這兩個郡，可是，如按洪氏所說，沙頭、乾齊是歸屬敦煌郡管轄的，而這兩個縣卻又是在玉門與嘉峪關之間，那就是說，敦煌郡除了附近的一大塊地方以外，尚有一塊飛地，即越過晉昌、涼興兩郡，管轄了漢代酒泉郡的兩個縣了。我以為這在中國歷史上是不可能的。

如上所述，前秦時既沒有廢掉過晉昌郡、涼興郡，我們也就沒有理由將這兩郡的屬縣改歸敦煌管轄，因此，前秦時的敦煌郡，我以為仍同前涼時一樣，只有四個縣，即昌蒲、敦煌、龍勒、效谷。洪氏所列其他各縣，應仍分屬晉昌、涼興兩郡，不應當作敦煌的屬縣。

前涼、前秦時敦煌郡的戶口，史無記載，不可能說出它的具體數目，我們只有根據當時河西的形勢以及一些人的議論來加以推測。永嘉之亂，中原及秦雍地區備受匈奴貴族的蹂躪及屠殺，這些地區的人民，為了求得活路，多四散奔逃，有逃往江南的，有逃到兩湖的，有逃入四川的，也有逃往涼州的。當時的涼州，雖也有小的動亂，如鮮卑的反叛，曹祛企圖取代張軌的戰爭等等，但總起來說，河西是安定的，所以，當時長安有民謠說：「秦川中，血沒腕，惟有涼州倚柱

觀。」[48]秦雍人民，不斷地移來涼州。據《晉書‧張軌傳》所載，在張軌統治河西初期，洛陽、長安被攻陷後，「中州避難來者日月相繼」，張軌於是分武威郡建立了武興郡。又說，當時秦州為晉室南陽王司馬保所據，到保死後「其眾散奔涼州萬餘人」。《魏書‧私署涼州牧張寔傳》亦說：「於時天下喪亂，秦雍之民死者十八九，唯涼州獨全，實自恃眾強，轉為驕恣。」後來，到了張駿統治時期，史稱：「駿有計略，於是屬操改節，勤修庶政，總御文武，咸得其用，遠近嘉詠，號曰積賢君。自軌據涼州，屬天下之亂，所在征伐，軍無寧歲，至駿境內漸平。」[49]一直到前涼為苻堅所滅，河西地區總的來說，沒有什麼大的動亂，也因此，《晉書》作者在《張軌傳》後說：「美哉張君，內撫遺黎，外攘捕寇，世既綿遠，國亦完富。」由上可見，前涼時期河西的人口，是不會比西晉時期少的，如果說因小的戰爭而減少了些人口，而秦雍避亂而來的人戶，則完全可以抵得上這些減少的戶口。西晉時敦煌九縣的人口二萬五千人，每縣不到三千人，以此比例計算，前涼敦煌郡初時六縣，後為四縣，最多時大約有不到二萬的人口，置涼興郡後，則大約不到一萬五千的人口了。

前秦滅掉前涼而取得河西，亦沒有經過大的戰爭。苻堅雖然也同當時一些統治者一樣，將被征服地區的人強遷到自己的國都附近，在滅掉前涼後，他曾徙姑臧「豪右七千餘戶於關中」[50]。但是，苻堅建都關中，要想統一全國主要是與東南的東晉爭衡，而比較安定的涼州，實係苻秦政權的後方，所以，儘管苻堅將姑臧的豪右遷到關中，用以防止再出現割據的局面，但另一面，苻堅又將東南所掠得人戶安置到

48　《晉書》卷八六《張軌傳附張寔傳》，第2229頁。

49　《晉書》卷八六《張軌傳附張駿傳》，第2237頁。

50　《晉書》卷一一三《苻堅載記》，第2898頁。

河西。《晉書・涼武昭王李玄盛傳》説：「初，苻堅建元之末，徙江漢之人萬餘戶於敦煌，中州之人有田疇不辟者，亦徙七千餘戶。」由此看來，至前秦時期，敦煌郡的人口，不僅是沒有減少，相反的，比之於前涼時期有較大的增加。兩漢時，敦煌的戶平均不到四口，前秦遷來的戶，我們如按一戶三口人左右計算，一萬七千戶就有五萬多口。這裡所指的敦煌，沒有明確指是西晉時的敦煌郡，還是前涼、前秦時的敦煌郡，因為這關係到敦煌所轄地區的面積及屬縣人口的平均數問題。我們即以面積最大時的西晉的敦煌郡來計算，當時敦煌郡統有九縣，以五萬口平均分配，每縣就增加了五千人，加上原西晉時敦煌郡每縣有不到三千人的數目，則每縣竟達七千人了。若以全郡人口計算，西晉時敦煌有口二萬五千左右，加上新遷來五萬口，那前秦時就有七萬五千多人了。以這一數字與西漢相比，前秦時的敦煌郡比西漢時面積增加不大，而戶口則大大增加了。後來李暠所以能以敦煌郡為根本，建立起西涼政權，這也是同前涼、前秦時戶口有較大增加，有人力、物力的基礎是分不開的。

五

前秦自西元三七六年滅前涼占有河西之後，到西元三八三年淝水之戰，苻堅大敗，前秦苻氏政權亦隨之迅速土崩瓦解。河西遂為呂光所據有。

呂光原是苻堅手下的大將。早在淝水戰前，苻堅曾命他「總兵七萬，鐵騎五千，以討西域」[51]。他在西域曾平定了焉耆、龜茲等國，然後引軍東還，於玉門關擊敗了苻秦涼州刺史梁熙，遂占有河西。後來，他於西元三八九年自稱三河王，置官建號，史稱後涼。

51　《晉書》卷一二二《呂光載記》，第3054頁。

　　呂光的後涼政權在河西沒有統治很久，西元三九七年（即呂光稱天王后龍飛二年），沮渠蒙遜推呂光的建康太守段業為涼州牧，攻陷西郡，與呂光對抗。繼之，呂光的晉昌太守王德、敦煌的太守孟敏先後降於段業。後來段業自稱涼王，史稱「北涼」。到西元四〇〇年，段業為沮渠蒙遜所殺，與此同時，北涼晉昌太守唐瑤移檄敦煌、酒泉、晉昌、涼興、建康、祁連等六郡。推李暠為沙州刺史、涼公，建立了西涼政權。在河西走廊的西端，這時就有北涼、西涼兩個政權。及至西元四〇三年後涼主呂隆降於後秦姚興，後涼亡，河西走廊東頭遂為禿髮辱檀所據，史稱南涼。這樣在西元五世紀的初年，整個河西走廊，便出現了北涼、西涼、南涼三個政權並立的局面。

　　前秦瓦解之後，敦煌郡先後為後涼、北涼、西涼等政權所官轄。後涼和北涼段業統治時期的敦煌郡，《十六國疆域志》認為他的地盤已比前秦時大大縮小了，即從十二個屬縣減少到了六個，同前涼敦煌郡所統六個縣一樣。我認為洪氏所說同前涼統轄的地區一樣一點是完全正確的，但不是六縣，而是四縣，即昌蒲、敦煌、龍勒、效谷。理由已如上述，不贅。不過，後涼和北涼段業統計時期的敦煌郡尚有一點應當指出的，後涼時敦煌郡，據現有的資料來看，其上沒有州的設置，它只是後涼統屬下二十多個郡中的一個，而北涼段業統治時期的敦煌郡，其上還有過沙州的名稱。據《北涼錄》所載，段業命沮渠蒙遜攻取了西郡之後，「於是王德以晉昌、孟敏以敦煌降業。業封蒙遜臨池侯，以德為酒泉太守，敏為沙州刺史，徙男成為晉昌太守」[52]。《西涼錄》亦稱，段業「以敦煌太守趙郡孟敏為沙州刺史」[53]。這沙州刺史

52　《十六國春秋輯補》卷九五《北涼錄》，第 654 頁。

53　《十六國春秋輯補》卷九二《西涼錄》，第 633 頁。

是虛銜，還是有實轄的地方，史無所載，但從段業所據的地盤來看，他當時僅有建康、臨松、西郡、酒泉、晉昌、涼興、敦煌七郡，似乎還沒有必要將這僅有的七個郡再劃分成幾個州。北涼的資料中，還沒有見到有其他人有州刺史的職稱。再者，與敦煌臨近的晉昌郡，當時的太守是沮渠男成。他是沮渠蒙遜的從兄。段業為北涼國主，就是沮渠氏兄弟共同推舉出來的。在北涼政權中，男成的地位是很高的。男成為晉昌太守，似不可能成為孟敏的下屬，所以，我以為沙州刺史一職，亦可能只是個虛銜，並沒有實轄的郡縣。

北涼段業是西元三九七年稱涼州牧開始獨立的，敦煌太守孟敏降於段業後，敦煌即屬北涼統治。不久，孟敏死，敦煌的地方官吏遂推效谷令李暠為敦煌太守。至西元四〇〇年（晉安帝隆安四年），晉昌太守唐瑤移檄六郡，推李暠為沙州刺史、涼公，領敦煌太守，「遣宋繇伐涼興，並擊玉門以西諸城，皆下之，遂屯玉門關、陽關，廣田積穀，為東伐之資」[54]。這就是十六國歷史上的西涼。西涼初以敦煌為郡城，後來，後涼呂隆降於後秦姚興，酒泉為李暠所得，於是遷都於酒泉。根據現有史書的記載，西涼敦煌郡領縣的數目也似乎沒有什麼變動，仍同後涼、北涼時期一樣，只有四個縣。但是，敦煌郡因系李暠建立西涼的發源地，所以備受重視，不僅在城內有靖德堂、謙德堂、嘉納堂等建置，而且還修築敦煌舊塞，以防周邊少數民族的侵擾。這裡值得一提的是《西涼錄》及《晉書·涼武昭王李玄盛傳》皆有李暠「築城於敦煌南子亭以威南虜」的記載。敦煌藏經洞所出《壽昌縣地境》亦有西紫亭山的名字，其注下云，在「縣西南一百九十八里，其山色紫，故以為名。時語訛為子亭山」。《地境》中的子亭係唐時壽昌縣三

54　《晉書》卷八七《涼武昭王李玄盛傳》，第2258頁。

戍之一。據向達先生的考證，子亭應作紫亭，李暠所築城，可能就是唐代的子亭鎮。在敦煌之南，黨河上游[55]，該地俗稱黨城灣，通過黨河谷地可到達青海，確係敦煌南邊的門戶，現為肅北蒙古族自治縣的治所。

西涼自李暠死後，漸趨衰敗，至西元四二一年，李歆出兵攻打沮渠蒙遜，結果兵敗國滅，酒泉、敦煌重新為沮渠蒙遜所占領。《北涼錄》雖有索元緒及沮渠唐兒為敦煌太守的記載，但也沒有見到敦煌郡的建置有任何變動。

後來，到西元四四二年，沮渠無諱率領北涼的殘餘勢力離開敦煌西奔鄯善，敦煌隨之為北魏拓跋氏所占有。

北魏取得敦煌以後，據《元和郡縣圖志》卷四所載：「後魏太武於郡置鎮，明帝罷鎮置瓜州，以地為名也，尋又改為義州，莊帝又改為瓜州。」當時敦煌鎮所屬，有酒泉軍[56]、晉昌戍[57]、樂涫戍[58]，等等，似乎已經管轄到了西漢時酒泉郡的地區。所以，從歷史上來看，以敦煌為名的州郡、軍鎮，要算北魏時期的敦煌鎮的範圍為最大的了。也正因為如此，所以北魏鎮守敦煌的官吏，品秩也很高，不僅有大將、鎮將的名號，而且有敦煌鎮都大將的名號，如孝文時有「敦煌鎮都大將

55　向達：《記敦煌石室出晉天福七年寫本壽昌縣地境》，載《唐代長安與西域文明》，第425頁。

56　《元和郡縣圖志》卷四〇：「魏太武平北涼以酒泉為軍，屬敦煌鎮，明帝孝昌中改鎮立瓜州，復置酒泉郡」，第1023頁。樂史《太平寰宇記》卷一五二所記略同，中華書局2007年版，第2944頁。

57　《魏書》卷一一二《靈征志》：「敦煌鎮上言，晉昌戍木連理」，第2961頁。

58　《元和郡縣圖志》卷四〇：「後魏太武帝平沮渠茂虔，改縣為戍，隸敦煌鎮」，第1024頁。

穆亮」[59]，「敦煌鎮都大將閭提」[60]。北魏時期，全國軍鎮林立，但凡假都大將名號的，多係元魏宗室或朝廷重臣，如武川鎮，見於《魏書》的都大將僅只宗室元英一人[61]，撫冥鎮都大將亦僅有江陽王元繼[62]。北魏軍鎮中，都大將之名，以長安鎮、統萬鎮、涼州鎮為最多，但這些都大將也多是元魏的宗室。[63]在敦煌鎮，北魏統治者也派出都大將的重臣，這正如韓秀所說，敦煌一地，「進斷北狄之覘途，退塞西夷之窺路」[64]。地理位置重要，不得不加以重視。

　　北魏末年，敦煌罷鎮罷瓜州，而瓜州所屬有多少郡縣，《魏書・地形志》闕載，根據楊守敬《隋書地理志考證附補遺》所說，當時瓜州之下有敦煌郡、效谷郡、壽皇郡、常樂郡、玉門郡、會稽郡。然據徐文范《東晉南北朝輿地表》，以為孝明帝孝昌二年（526）改敦煌鎮為瓜州，當時所屬僅五郡，即敦煌、酒泉、玉門、常樂、會稽。到西魏文帝大統十一年（545）平定瓜州鄧彥之亂後，又分置效谷、壽昌二郡，共有七郡。顯然，楊氏據《隋書》所說的壽皇郡係壽昌郡之誤。北魏時的酒泉軍原屬敦煌鎮，鎮改州後，亦仍屬之。所以，我以為《輿地表》所說的瓜州七郡是正確的。至於北魏改州後，瓜州所屬的敦煌郡領縣的數目，僅見於《隋書・地理志》，有敦煌、平康、東鄉、效谷、龍勒、鳴沙等。然據《元和郡縣圖志》，敦煌縣本漢舊縣，屬敦煌郡，「周武帝改為鳴沙縣，以界有鳴沙山，因以為名」。由此可見，北

59　《魏書》卷二七《穆崇傳》，第667頁。

60　《周書》卷二〇《閭慶傳》，中華書局1971年版，第342頁。

61　《魏書》卷一九下《南安王楨傳》，第495頁。

62　《魏書》卷一六《道武七王傳》，第401頁。

63　張維：《元魏諸鎮考》，第143頁。

64　《魏書》卷四二《韓秀傳》，第953頁。

魏時，僅有敦煌縣而無鳴沙。又據《太平寰宇記》所載，龍勒縣「後魏正光三年改為壽昌縣」。則壽昌、龍勒兩名，實為一地。另外，謝鍾英《補三國疆域志補註》以為北魏時敦煌郡尚有陽關縣，在壽昌西。這樣，北魏敦煌郡實僅有敦煌、平康、東鄉、效谷、龍勒（或壽昌）、陽關等六縣。平康、東鄉兩縣，史無可考。敦煌、效谷、龍勒三地，仍在漢代所置的地方。約略估計，北魏時之敦煌郡，大致與今敦煌縣面積相差不遠。到西魏統治時期，效谷、壽昌兩縣改郡，那敦煌郡的面積就僅只是現在敦煌縣城附近的一塊地方了。

至宇文氏代魏建立起北周政權之後，又對敦煌地區的郡縣進行了一次大合併。敦煌仍是瓜州的一郡，但據《隋書‧地理志》「敦煌縣」所載：「敦煌，舊置敦煌郡，後周並效谷、壽皇（昌）入焉。又並敦煌、鳴沙、平康、效谷、東鄉、龍勒六縣為鳴沙縣。」效谷郡與效谷縣，壽昌郡與龍勒縣，都是郡縣並立，實是同一地方。敦煌、鳴沙，《元和郡縣圖志》及《太平寰宇記》都認為是周武帝保定中改名的，其實也是一個地方。北周的合併，實際上就是將敦煌縣、平康、效谷、東鄉、龍勒等合併起來，改名鳴沙縣。敦煌郡，僅只鳴沙一縣而已。北周時的敦煌郡的面積，亦同北魏由鎮改州郡時差不多，大致相當於現在敦煌縣的範圍。

後涼、北涼、西涼以及北魏、北周時敦煌郡的戶口，史書亦無記載，我們也只可能根據一些有關的資料加以推測。北涼、西涼時期，敦煌是河西的一個大郡。孟敏降段業以後所以有沙州刺史的頭銜，李暠能以敦煌為根據地建立起西涼，正是敦煌郡郡大人多的緣故。李暠在遷都酒泉時，曾手令戒其諸子曰：「此郡（敦煌）世篤忠厚，人物敦雅，天下全盛時海內猶稱之，況復今日，實是名邦。」在他上東晉朝廷的奏表中亦說到：「敦煌郡大眾殷，制御西域，管轄萬里，為軍國之

本。」[65]由此可見，當時敦煌的人戶是西涼統轄區中最多的一郡。西涼敦煌戶口較多，這當然首先是前秦時移來一萬七千戶的緣故。同時，據《西涼錄》及《晉書·涼武昭王李玄盛傳》所載：後涼郭黁起兵反對呂氏政權時，「武威、張掖以東人西奔敦煌、晉昌者數千戶」。更大大增加了敦煌的入戶。後來，李暠由敦煌遷都酒泉時，將這些人戶都東徙於酒泉，「分南人五千戶置會稽郡，中州人五千戶置廣夏郡，餘萬三千戶置武威、武興、張掖三郡」。我們根據這些記載來估計後涼、北涼、西涼時敦煌郡的戶口，在李暠遷都酒泉以前，理當不少於前秦時七萬五千餘口，到李暠遷都酒泉，帶著人戶東遷，敦煌的人口則就大大減少了，但最少也不應低於前涼時敦煌郡的數目。

西涼政權末年，沮渠蒙遜進攻敦煌李恂時，據《北涼錄》記載：「蒙遜自率眾攻敦煌，乃築長堤，以水灌城，數十日不下，恂武衛宋承、廣武張弘等，舉城出降，殺恂而屠其城。」到此，敦煌郡遭到了一次浩劫，把原來「郡大眾殷」的一個河西大郡，變成了荒漠地帶。到北魏取得河西，這一地區則因先後有後涼、北涼、西涼、南涼幾個政權的混戰，互相掠奪人口，人戶散失很大。北魏滅北涼時，又「徙涼州民三萬餘家於京師」。故涼州人口更是所剩無幾了。《魏書·地形志》所載，涼州統領十郡，縣二十二，有戶三千二百七十三，如每戶以四人計，也只有一萬三千人，按此數平均每郡只三百餘戶一千餘人，每縣一百六十戶，僅只五百來人。北魏置敦煌鎮時人口不詳，而到改鎮為州，設立瓜州以後，瓜州統領七郡，敦煌郡最多時有六個縣，如按涼州的人戶數來比較的話，儘管瓜州七郡中，以敦煌、酒泉兩郡為最大，當時敦煌郡有六縣，最多也只三千人左右。比之前涼、前秦時

65　《晉書》卷八七《涼武昭王李玄盛傳》，第2264頁。

期，僅留下十分之一還不到。出現這種情況，這當然首先是同北涼沮渠蒙遜的屠殺有直接關係。同時，我們也應當看到，敦煌在前涼、前秦時戶口的激增，本來就是當時統治者推行掠奪性的移民政策造成的。以後，隨著移民的逃亡，統治者的強迫遷徙（如李暠將敦煌人戶遷往酒泉），不斷的戰亂和人戶投靠豪強等等，國家控制的人口數字自然就急遽地下降了。

　　到了北周時期，統治者雖對敦煌郡的州縣進行了一次合併，但實際上只是將西魏時所增設的一些郡合併回敦煌郡，將敦煌郡所屬的縣，合成一個縣而已，其管轄面積，仍約略同北魏時期的敦煌郡相似，其戶口因史無記載，我們只能根據《隋書・地理志》的記載推算，隋代敦煌郡統轄三縣，有戶七千七百七十九，以三縣平均，每縣為二千六百戶左右，每戶以不到四人計算，則應有口八九千人。隋時的敦煌縣，約略相等於北周時的敦煌郡，估計北周敦煌郡的人口也大致是八九千人，不會相差得太遠。

六

　　西元五八一年楊堅篡奪了北周政權，建立起隋王朝。西元五八九年楊堅出兵平陳，從永嘉之亂以後經過近二百八十年的南北分裂局面，至此復歸統一。

　　楊堅政權建立之後，鑒於當時「或地無百里，數縣並置，或戶不滿千，二郡分領」，和「官多民少，十羊九牧」的狀況，於是在文帝開皇初年「罷天下諸郡」[66]，把過去地方上的州郡縣三級制，改成州縣兩級制。在《隋書・地理志》所載各州郡之下多有「開皇初郡廢」的字樣，便是當時這種改革留下的痕跡。

66　《隋書》卷四六《楊尚希傳》，第1253頁。

　　隋代的敦煌郡，在開皇初年亦曾一度罷廢，廢郡為縣。隋初的敦煌縣是當時瓜州的治所。至隋煬帝大業三年，全國又罷州置郡，復稱敦煌郡。

　　隋代的敦煌郡，據《隋書‧地理志》所載，屬縣有三，即敦煌、常樂、玉門三縣。

　　敦煌縣，即北周時的鳴沙縣，「係大業初改名」，其統轄範圍約略與今敦煌縣相似。

　　常樂縣，據《隋書‧地理志》所載：「常樂，後魏置常樂郡。後周並涼興、大至、冥安、閨泉，合為涼興縣。開皇初郡廢，改縣為常樂。有關官。」常樂郡，據《十六國疆域志》所載，係西涼所置，原漢冥安縣地。《讀史方輿紀要》亦說：「在廢瓜州西北，漢冥安縣地。……西涼於此置常樂郡，後魏因之，後周並涼興、廣至、冥安、淵泉四縣為涼興縣，仍為常樂郡治，隋開皇初郡廢，因改縣為常樂。」漢代的冥安縣，在今瓜州縣雙塔堡附近，魏周以來的常樂郡，亦當在這一帶。

　　另外，從《隋書‧地理志》所說「有關官」一點來看，隋代的常樂縣，應在隋唐時玉門關附近。唐代的玉門關，據向達等先生考證，亦在雙塔堡附近。他還說：「隋常樂縣屬瓜州，唐於敦煌置沙州，別於晉昌郡置瓜州，治晉昌，即在隋常樂縣，而於舊廣至則立常樂縣。隋常樂有關官其治所為玉門關無疑也。」[67]隋代的常樂縣，即唐之晉昌，這一點，《太平寰宇記》之「晉昌縣」條也說：「本漢冥安縣……晉置晉昌郡及冥安縣，隋初改為常樂縣，唐武德四年又改為晉昌縣。」《元和郡縣圖志》、《新唐書‧地理志》都說到唐代的晉昌縣即隋代的常樂縣。唐代的晉昌縣，許多同仁都認為是今雙塔堡附近的鎖陽城廢圩，

67　向達：《兩關雜考——瓜沙談往之二》，《唐代長安與西域文明》，第377頁。

隋代的常樂縣治亦應在此。至於唐代的常樂縣，《元和郡縣圖志》、《太平寰宇記》等書都認為在原漢廣至縣地，即在今瓜州縣踏實堡附近。兩代雖都有常樂縣，但不是一地。

玉門縣，《隋書・地理志》說：「玉門後魏置會稽郡，後周廢郡，並會稽、新鄉、延興為會稽縣。開皇中改為玉門，並得後魏玉門郡也。」會稽郡，係西涼李暠時將敦煌附近的南人東遷時所僑置。據《太平寰宇記》之「晉昌縣」條：「宜禾故城，漢宜禾都尉所居，城在縣西北界，乃後魏明帝正光元年僑立會稽郡於此。」漢宜禾縣在今瓜州縣西北，後魏的會稽郡亦應當在這一帶附近。新鄉縣亦係晉惠帝元康五年所置，屬晉昌郡。據《通典》：「瓜州南至新鄉鎮一百八十里。」楊守敬先生《隋書地理志考證附補遺》認為：「新鄉在今安西州東南一百八十里」。《甘肅地理沿革圖表》所標北魏新鄉在今玉門鎮附近，約略相似。延興，史無可考。《重修肅州新志》之「延壽廢縣」條說：「在肅州西南……《元和志》石脂水在玉門東南一百八十里，延壽縣當即其地，或曰《隋書・地理志》之延興郡即此。」至於後魏時的玉門郡，《元和郡縣圖志》說：「玉門縣東至州（肅州）二百二十里，本漢舊縣，後魏孝明帝改為玉門郡。」《太平寰宇記》亦說在肅州之西二百里。以此相距的里數校對，其治所當在今玉門鎮之東，約在今赤金堡一帶。

從以上可見，隋代敦煌郡所領三縣，其所轄的範圍大約有今敦煌縣、瓜州縣、玉門縣及玉門市四縣、市之地，比之北魏的敦煌鎮要少一些，但以郡而言，比兩漢以來任何時候的郡都要大得多。

隋代敦煌郡的人口，按《隋書・地理志》所載，有戶七千七百七十九，以一戶四人計算，全郡約三萬人左右，以縣平均，每縣約一萬萬人。以此數字對比兩漢時期，隋代敦煌郡管轄面積比兩漢都大得多，幾乎是等於兩漢時敦煌全郡和半個酒泉郡，但戶口數字卻還不如

西漢，約略同東漢時敦煌郡相近。如果我們以此數字同北魏時期相比，北魏涼州十郡僅有戶三千多，按這一比例，瓜州七郡，還包括酒泉在內，只二千多戶，而隋代的敦煌郡並不包括酒泉郡全部，就有戶七千多，顯然人戶大大增加了。隋代敦煌郡戶口的增加，我想是同魏周以來推行均田制和河西地區社會相對安定有關的。

到了唐代，唐高祖武德年間又對敦煌郡的名稱及管轄區作了一番更改。據《舊唐書·地理志》之「沙州」條所載，「沙州，隋敦煌郡，武德二年置瓜州，五年改為西沙州。貞觀七年去西字，天寶元年改為敦煌郡，乾元元年復為沙州」。在同書「瓜州」條下又說：「瓜州，下都督府，隋敦煌郡之常樂縣，武德五年置瓜州。」《新唐書·地理志》之「瓜州」條亦說：「瓜州晉昌郡，下都督府，武德五年析沙州之常樂置。」由此可見，唐政權在取得隋代敦煌郡之後，一度曾改名為瓜州，統轄原敦煌郡的地區。至武德五年，又將瓜州分成兩州，即瓜州、西沙州。瓜州治所在原晉昌縣，統晉昌、常樂兩縣；西沙州治所則在原敦煌縣，統敦煌、壽昌兩縣。到了貞觀七年，則去西字，稱為沙州，至唐玄宗天寶元年，全國都改州為郡，又稱敦煌郡。安史亂起，肅宗即位後，又改郡為州，仍稱為沙州。

唐代的沙州，在唐太宗貞觀年間屬隴右道，至睿宗景雲中，分隴右道黃河以西的地區為河西道，沙州為河西道所管轄。

唐代沙州所屬敦煌、壽昌兩縣，即隋時的敦煌郡分為敦煌、壽昌兩縣。敦煌縣治所仍在今黨河以西之舊城；壽昌，即原漢龍勒縣地，在今敦煌南湖，據《壽昌縣地境》：「本漢龍勒縣，魏正光六年為壽昌郡。……宇文保定四年，省入敦煌縣，武德二年，又析置壽昌縣，永

徽元年廢，乾封二年又置。」[68]敦煌、壽昌兩縣，都在今敦煌縣境內。
由此可知，唐代的沙州所轄地區，大略如現在的敦煌縣所管的面積。

　　唐代至安史之亂，唐政權調隴右、河西的駐軍東去參加平定安
史，吐蕃於是乘機蠶食了河西之地。從西元七六四年至七七六年，吐
蕃先後占領了涼州、甘州、肅州、瓜州。到西元七八六年，又占領了
沙州[69]，吐蕃在沙州的統治，根據石室發現的文書，只知有乞利本、節
兒、部落使等職官[70]，而在沙州的建置，則尚不清楚。一直至唐宣宗大
中二年（848），沙州首領張議潮發動起義，趕走了吐蕃奴隸主的統治，
才又重新歸於唐王朝所統轄。唐王朝以張議潮為歸義軍節度使，統轄
瓜、沙、伊、肅等十一州。只不過當時的唐王朝因社會矛盾的日趨尖
銳，對河西一隅已無法顧及，「惟名存有司」而已。張議潮恢復河西后
的沙州，從現在所能見到的資料來看，還沒有發現在州縣建置上有什
麼變革，大概仍同以前一樣，有兩個屬縣，即敦煌、壽昌。

　　唐代的沙州戶口，新舊《唐書・地理志》都記舊有戶四千二百六
十五，口一萬六千二百五十。[71]一般的郡，新舊《唐書・地理志》還有
天寶時的領戶數，可是沙州卻沒有這一數字。這四千二百六十五戶，
按兩《唐志》所記，是開元二十八年的戶口數。如按這一數字計算，
大約亦是每戶平均四人左右。沙州所屬兩縣，每縣平均約八千人。

　　可是根據《通典》的記載，沙州有戶六千三百九十五，口三萬二

68　《新唐書》卷四〇《地理志》同，第 1045 頁。

69　《元和郡縣圖志》以為沙州在「建中二年陷於西番」，第 1025 頁。

70　藤枝晃：《吐蕃支配期の敦煌》，載《東方學報》（京都）第 31 冊，1961 年，第 199-
　　292 頁。

71　《太平寰宇記》卷一五三亦載沙州「唐天寶戶四千二百六十」，第 2956 頁。

千二百三十四。[72]比之兩《唐志》所載多二千多戶，一萬六千多口。以比例來計，《通典》所載沙州戶口，戶比兩《唐志》增加了三分之一，口則增加了一半。《通典》所載的這一數字，大約是天寶十三載戶部所申報的數目。當時全國有戶九百零六萬九千一百五十四，口五千二百八十八萬零四百八十八，是唐朝戶口的最多數字。[73]我們如果以《通典》戶口比例來計，則沙州每戶平均有五人，沙州所屬兩縣，每縣有一萬六千餘人，這一數字，顯然比隋代要增加得多了，可以說是自西漢以來敦煌戶口最多的時期。

吐蕃占領敦煌時期和張議潮收復瓜、沙以後的戶口，史無明載，但據《新唐書・吐蕃傳》所記，吐蕃在攻占沙州時曾遭到以唐朝都知馬使閻朝為首的沙州人民的激烈抵抗，在「糧械皆竭」的情況下，向吐蕃提出了「苟毋徙佗境，請以城降」[74]的條件，得到許諾，出降於吐蕃。依此看來，吐蕃占領沙州後，並未強迫人民遷徙，因此，估計敦煌這時的戶口仍同以前相差不遠。《太平寰宇記》雖沒有記載這時敦煌的戶數，但在瓜州條下曾說：「唐天寶戶四百七十七，至長慶一千二百。」長慶是唐穆宗的年號，這正是吐蕃占領瓜州時期，瓜州與沙州是相鄰的，瓜州這時戶口反而比天寶時有所增長，沙州的戶口至少亦應當不會比原來減少得太多。

---

72 《元和郡縣圖志》載沙州「開元中戶六千四百六十六」，第 1025 頁。又比《通典》多41 戶。

73 《資治通鑑》卷二一七，第 6929 頁。在唐玄宗開元末年和天寶年間，唐王朝曾有三次戶口的統計。開元二十八年，當時有戶 8412871，口 48143609。天寶元年有戶 8525763，口 48909800，比之天寶十三載戶相差 50 多萬，口相差 500 多萬。兩《唐志》所載戶即是開元二十八年的數字。《通典》所載河西各郡戶口皆比兩《唐志》所載為多，應當是天寶十三載時唐代戶口最盛時的數目。

74 《新唐書》卷二一六下《吐蕃傳下》，第 6101 頁。

　　張議潮收復沙州以後，沙州是歸義軍節度使的駐所，比之河西其他州郡，自應繁榮一些。敦煌石室發現的《張淮深變文》即反映了這一情況。其中說到，唐僖宗時，張淮深在擊破甘州回鶻後，朝廷派遣使節到了沙州。這位天使一路上看到：「甘、涼、瓜、肅，雉堞雕殘，居人與蕃丑齊肩，衣著豈忘於左衽。獨有沙州一郡，人物風華，一同內地。」看來，這時敦煌的戶口應當相應地比吐蕃統治時期有所增長。後晉天福十年所寫的《壽昌縣地境》所載，壽昌「戶三百五十九，鄉一」。而據敦煌石室發現唐天寶年間的文書（P.2738）敦煌一縣共有十三鄉，即敦煌、洪池、懸泉、莫高、神沙、龍勒、玉關、洪潤、效谷、壽昌、平康、慈惠。如以壽昌縣一鄉有戶三百五十九的比例來計，敦煌縣十三鄉則應有戶四千六百餘。沙州二縣，即敦煌、壽昌兩縣合計，大約應有戶五千餘，這一數字，比之於兩《唐書》所載四千二百戶顯然就有所增加了。

　　沙州自唐宣宗大中二年張議潮起義以後，一直到宋代初年，中間經歷了張氏、索氏、曹氏的統治，張承奉一度還曾建立西漢金山國，自稱白衣天子，以敦煌為都城，總可謂是歸義軍統治時期。在歸義軍統治後期，據敦煌莫高窟等 429 窟室簷正梁的題記：「維大宋太平興國五年歲次庚辰二月甲辰朔廿二日乙丑敕歸義軍節度瓜沙等州觀察處置管內營押蕃落等使特授檢校太尉同中書門下平章事譙郡開國公食邑一千五百戶實封七百戶曹延祿之世創建此窟簷記」、「窟主節度內親從知紫亭縣令兼衙前都押衙銀青光祿大夫檢校刑部尚書兼御史大夫上柱國閻員清」，則宋代初年，曹氏還曾於沙州境內設立了紫亭縣。紫亭縣，大約就是西涼時李暠所築之子亭城，即今肅北蒙古族自治縣的治所，唐時為子亭鎮，至宋時則升為縣了。這樣，到宋代初年，沙州境內已不只是敦煌、壽昌兩縣，而應是敦煌、壽昌、紫亭三縣了。

　　沙州在歸義軍統治下一直到宋仁宗景祐二年（1035），為趙元昊所攻占，開始進入西夏統治時期。[75]西夏的地方行政組織亦分州（府、軍）、縣（城、堡、砦）二級制。敦煌當時仍稱沙州。至於沙州的屬縣及戶口，史均不詳。現在能知道的，就是在敦煌莫高窟及瓜州榆林窟中有西夏文的一些題記。榆林窟第 29 窟石壁門南側下層供養人中，第二身的題記是「施主長子瓜州監軍司……一心皈依」，上層第三身的供養人是：「故……沙州監軍……一心皈依。」瓜州是西夏十二軍司之一——西平軍司的駐所，瓜、沙兩州在軍事上皆屬西平軍司所統轄。瓜州和沙州監軍司大概是西平軍司下兩個武官，從這些題記來看，西夏曾用瓜、沙兩州的名字是沒有問題的。

　　至西元一二二七年，西夏為蒙古所滅亡，《元史·地理志》說：「沙州路……元太祖二十二年，破其城，以隸八都大王。至元十四年復立州，十七年升為沙州路總管府，瓜州隸焉。」其下注說：「沙州去肅州千五百里，內附貧民，欲乞糧沙州，必須自之肅州，然後給予，朝廷以其不便，故升沙州為路。」從上可以得知，元太祖二十二年，即西元一二二七年，是西夏降於蒙古的一年，敦煌在西夏亡後，歸蒙古所統治。八都大王，即拔都，是元太祖成吉思汗長子術赤的兒子，沙州原是他的封地。到了元世祖至元十四年，即西元一二二七年，忽必烈為

75　《宋史》卷四八五《夏國傳》說，元昊於景祐二年攻取了「瓜、沙、肅三州」，中華書局 1977 年版，第 13994 頁。而另據《宋史》卷四九〇《沙州傳》說，曹賢順「自景祐至皇祐凡七貢方物」，第 14124 頁。景祐以後，沙州曹氏尚入貢於宋，對此，《隴右金石錄》作者認為：「或者景祐之初，元昊新歿，其子諒祚以童孩襲位，母后設藏氏專政，故沙州尚貢於宋，蓋祐之故國之思。」按《宋史》卷四八五《夏國傳》，元昊死於宋仁宗慶曆八年（1048），沙州早已歸入西夏版圖。曹賢順景祐以後向宋進貢，應與諒祚童孩襲位無關，可能這時曹氏在失去沙州後，仍有殘餘勢力，保有一地，故尚自通於宋。

要加強中央集權，實行行中書省制度，地方行政組織有省、路、府、州、縣各級，敦煌復立為沙州。沙州原為甘肅等處行中書省下肅州路所管轄，而後來到了至元十七年（1280），因沙州距離肅州太遠，沙州境內貧民乞糧，須於肅州請示，往返不便，故而將沙州升為路。與此同時，將瓜州也改隸沙州路管轄。至於沙州的屬縣和戶口，據《元史‧地理志》「瓜州條」下所說：「瓜州⋯⋯至元十四年復立，二十八年，徙居民於肅州，但名存而已。」《元史‧世祖紀》亦曾記載，至元二十五年「沙州、瓜州民徙甘州，詔於甘肅兩界劃地使耕，無力者則給以牛具農器」。這也就是說，敦煌地區的人民在元世祖的末年曾經有過一次大遷徙，都被迫搬到甘、肅兩州交界的地方居住了。經過這次遷徙，敦煌這塊地方自然就逐漸荒涼了。到了元成宗時，《元史‧成宗紀》說，大德七年「御史臺言，瓜、沙二州，自昔為邊鎮重地，今大軍屯駐甘州，使官民反居邊外非宜，乞以蒙古軍萬人分鎮險隘，立屯田以供軍實為便，從之」。敦煌似乎已變成了一個軍隊的屯田區了。元代在瓜、沙屯田，收穫量是很大的，元武宗時，中書省曾經上言：「瓜、沙摘軍屯田，歲入糧二萬五千石，撒的迷失叛，不令其軍入屯，遂廢，今乞仍舊遣軍屯種，選知屯田地利色目漢人各一領之，皆從之。」[76]

　　在元代，敦煌居民已極稀少，到了明代，則已完全成了少數民族人民活動的地區了。明太祖洪武五年，宋國公馮勝出兵西征，劃嘉峪關而守，未曾經理敦煌地區。成祖永樂以後，才開始在敦煌有沙州衛和罕東左衛的建立。沙州衛，《明史‧西域傳》說：「永樂二年，酋長困即來、買住率眾來歸。命置沙州衛。」後因瓦剌強大，曾率領幾百部

76　《元史》卷二三《武宗紀》，第 514 頁。

眾走附塞下，「自是不復還沙州，但遙領其眾而已」。到了明英宗正統
五年，困即來死後，兩子爭立，甘肅鎮將任禮進兵沙州，「遂收其全部
入塞，居之甘州，凡二百餘戶，千二百三十餘人」[77]。當困即來所率蒙
古部逐步離開敦煌的時候，原來在今瓜州境內游牧的罕東衛蒙古部逐
漸占領了沙州。清人常鈞說：「初罕東部人俺章與種族不相能，數仇
殺，乃率其眾逃居沙州耕牧，部落日蕃，益不受罕東統屬，至其子班
麻思結，久住沙州，朝廷屢勒還本衛，不奉命。正統中，沙州全部內
徙，思結遂盡有其地。到只克嗣職，部眾稍盛，時吐魯番侵據哈密，
只克請自立一衛與相抗，乃置罕東左衛。」[78]罕東左衛「在沙州衛故
城」[79]。後來到了明武宗正德年間，由於吐魯番強盛，只克子乞臺不能
自立，相率遷肅州境內，沙州遂為吐魯番占領。

　　到了清代，康熙發兵西征，開始經理關外。康熙時在今瓜州、玉
門一帶設立赤金、靖逆兩衛。至雍正元年，「復置沙州所」，三年「旋
升沙州所為衛」。[80]同年，因原沙州衛城受黨河河水侵蝕，東牆坍壞，
「於故城東另築衛城，周圍三里三分，開東西南三門」[81]。雍正三年所
築衛城，即今敦煌縣城，在黨河之東，到乾隆二十五年，改沙州衛為
敦煌縣，隸安肅道。

　　明清兩代的敦煌戶口，沒有明確記載，據《明史‧西域傳》之《沙
州衛》、《罕東左衛》的記載，明代沙州衛入遷內地時有戶二百餘，口

77　《明史》卷三三〇《西域傳》之《沙州衛》，中華書局 1974 年版，第 8562 頁。

78　常鈞：《敦煌雜抄》卷下《罕東左衛》，第 42 頁。

79　《明史》卷三三〇《西域傳》之《罕東左衛》，第 8564 頁。《讀史方輿紀要》卷六四
　　將罕東衛與罕東左衛當成一地，應誤。罕東衛，據陶保廉《辛卯侍行記》卷五，以為
　　大約「在沙州東南山谷石苞城至踏實諸處」，甘肅人民出版社 2002 年版。

80　《清史稿》卷六四《地理志》，中華書局 1977 年版，第 2125 頁。

81　常鈞：《敦煌雜抄》卷上《沙州衛》，第 23 頁。

一千二百三十餘人，罕東左衛入遷肅州時，戶口數不詳，但說到：「乞臺既內徙，其部下貼哥、土巴二人仍居沙州，服屬吐魯番，歲輸婦女、牛馬，會番酋徵求苛急，二人怨。嘉靖七年夏率部眾五千四百人來歸，沙州遂為吐魯番所有。」總起來看，明代時敦煌地區的人口雖先後遷徙不常，但住居的人口大概不會上萬，比之於隋唐時期相差得就很遠了。這也難怪石之瑛在《開設沙州記》中說：「敦煌戶口，漢唐極盛，迨於明季，而西丑蹂躪，茲上遂同昏墊。」[82]

　　清代雍正初年，由於岳鍾琪的提議，開始在敦煌招民屯種，雍正七年，從甘肅各地分來到敦煌屯種的貧民共有二千四百零五戶。而據一九四一年呂少卿的《重修敦煌縣志》卷三所說：「敦煌人口，舊《志》二萬另八百四十人，當乾隆中時，丁口最繁，有八萬餘人，同治兵亂後，僅二千五百人，清季安曉峰省《通志》載一千四百另三人。」一九二七年，「有戶四千五百七十，口一萬八千九百五十三」，然而，據《敦煌鄉土志》所載，咸豐、同治年間經兵亂以後，「實在二千零七十二戶，統計男丁女口大小共一萬五千人」，比《重修敦煌縣志》所記清代末年要多得多。總之，敦煌戶口到清代乾隆年間，達歷史最高紀錄，有八萬人，在此之後，則又逐漸減少，清末及民國初年，大約不會超過二萬人。

　　　　　（原連載《敦煌學輯刊》1980 年第一輯、1981 年第二輯）

82　黃文煒：《重修肅州新志》之《沙州下》，甘肅省酒泉縣博物館 1984 年版，第 543 頁。

簡述敦煌、吐魯番文書中
有關職田的資料

　　敦煌、吐魯番文書的發現，為研究中國中世紀封建土地所有制提供了最直接的資料。近年以來，關於均田制的實施狀況，寺院經濟的發展，以及當時的租佃關係的性質，許多同仁都曾撰文論述，然而，對於文書中所涉及的有關官田的經營和管理，卻很少有人進行專題的研究。為此，我將所能見到的有關唐代職田的一些文書集中起來作一介紹，並進行一些初步的探討，其中一定存在錯誤和疏漏，希望能得到同仁們的指正。

　　一

　　敦煌、吐魯番文書中有關職田的資料，按日本東洋文庫所編《西域出土漢文文獻分類目錄》一書的統計，共為十九件。近年以來，由於考古的新發現，增添了不少的資料。陳國燦同仁在《對唐西州都督府勘檢天山縣主簿高元禎職田案卷的考察》一文中[1]，就曾列舉了二十

1　載唐長孺主編：《敦煌吐魯番文書初探》，武漢大學出版社 1983 年版，第 455-485 頁。

二件有關文書，其中除了東洋文庫所收的四件大谷文書及一件倫敦斯坦因文書之外，其他十七件均出自新疆阿斯塔那 230 號墓及 214 號墓的新資料。此外，檢閱已出版的五冊《吐魯番出土文書》，其中也有不少涉及職田的資料，如阿斯塔那 337 號墓第 10、11、14、15、16 等五件，以及阿斯塔那 338 號墓第六號文書，都是前官及主簿領取佃戶交來水頭麥、荊薪、粟、青稞等的單據。又如新疆哈喇和卓一號墓所出《唐西州高昌縣順義等鄉勘田簿》[2]中，記載到田畝四至時有「西縣尉田」、「東戶曹」，這縣尉田和戶曹田應就是官吏的職田。至於文書中提到「官田」、「官部田」的則就更多了。當然，官田不單指的是職田，官田還包括公廨田、驛田、軍田以及國家經營的各種土地，但其中亦必然包括了一部分的官吏職田。總括以上所得，在已發表的敦煌、吐魯番文書中，涉及唐代官吏職田的文書不下五十來件。

在五十來件文書中，我們如加以粗略的分類，可分以下幾種：第一種是官府往來的公文中涉及有關職田的一些事情，如蓋有「右領軍衛岸頭府之印」的《唐開元十九年正月西州岸頭府到來符帖目》中，第四行載：「戶倉符，為鎮戍闕官職田」，第三十一行載：「戶曹符，為括檢高昌縣百姓口分訖申事。一符，為勘見任官職田勔斗四至具申事。」[3]蓋有「天山縣之印」的《唐開元十九年正月至三月西州天山縣到來符帖目》中，第十四行記載：「戶曹符，為州府縣鎮戍官職田頃畝畝勔斗。」第八十八行載：「戶曹符，為當縣諸色闕官職田，仰符到當日勘申事。」第九十七行載：「戍官現任職田，不得抑令百姓佃食、處

2　唐長孺主編：《吐魯番出土文書》第五冊，文物出版社 1983 年版，第 113、114、119、120、121、141 頁。

3　《吐魯番出土文書》第四冊，文物出版社 1983 年版，第 19 頁。

分訖申事」[4]等等。這些都是當時地方政權機構為貫徹執行國家有關職田法令的來往公文記錄。第二種是有關職田的訴訟文書，如陳國燦同仁所列舉的有關天山縣主簿高元禎職田案的二十二件，其中記錄了天山縣主簿高元禎在南平鄉占有職田的畝數及租佃情況。文書內容還涉及高元禎是否違反國家法令「營種還公、逃死、戶絕地」的問題。第三種是在一些登記田畝牒文中記到了官吏的職田，如《周天授二年西州高昌縣諸堰頭等申青苗畝數佃人牒》[5]、《周如意元年西州高昌縣諸堰頭等申青苗畝數佃人牒》[6]，以及《周聖曆二年三月敦煌縣檢校營田人等牒》[7]等等，其中記載到了都督、司馬、主簿、參軍、縣令、倉曹等人的職田。最後一種是在國家的籍帳中記載田畝四至時涉及官吏的職田，如上面舉出的「縣尉田」、「戶曹田」。還有些是耕種職田的佃戶交納「地子」的抄單，如上舉的阿斯塔那337、338號墓的六件文書，以及《唐開元至廣德間西州高昌縣周氏納稅抄類》。[8]

以上各種職田文書，公文往來及田畝四至記載中涉及的，因沒有記載具體的土地數字及租佃狀況，無法用表格表述出來，其他各件試用表格形式列述於下：

4　池田溫：《中國古代籍帳研究》錄文部分，東京大學東洋文化研究所1979年版，第357-358頁。

5　《中國古代籍帳研究》錄文部分，第353-361頁。

6　《中國古代籍帳研究》錄文部分，第322-331頁。

7　《中國古代籍帳研究》錄文部分，第332-334頁。

8　《中國古代籍帳研究》錄文部分，第336頁。

年代	官吏姓名	土地數量	承佃人	種植的作物及繳納實物數量	資料來源	説明
高宗永徽□年	前官高柱仁	不詳	范阿伯	水頭麥肆斗半	《吐魯番出土文書》第五冊113頁	
□□元年	前官令狐懷悫	不詳	范阿伯	莿薪壹車	同上114頁	此五件同出阿斯塔那337號墓，所出文書最晚有紀年的是高宗龍朔三年（663）
□□二年	主簿歡文	不詳	患	①二年地子粟參碩肆□□□圍②□年地子粟參碩貳□	同上119頁	
□□五年	主簿歡文	不詳	范海緒	地子粟參碩貳□	同上120頁	
□□年	不詳	不詳	馬岳	折衝地子青稞	同上121頁	
永徽五年（654）	前官令狐懷熹	不詳	范阿伯張塤子	二人各納□壹車	同上140頁	此件出阿斯塔那338號墓文書
武后天授二年（691）	主簿高元禎	南平職田共五十五畝八十步，其中三十畝出租，二十五畝八十步自種	知田人郭文智	不詳	大谷文書4937、4940	參閱陳國燦文①

續表

年代	官吏姓名	土地數量	承佃人	種植的作物及繳納實物數量	資料來源	説明
天授二年（691）	司馬	十二畝	范僧護	不詳	大谷文書2369	此五件均見《周天授二年（691）西州高昌縣諸堰頭等申青苗畝數佃人牒》
	倉曹	七畝	朱貞行	不詳	大谷文書2367	
天授二年（691）	都督	捌畝半	焦智通	種粟	大谷文書2372	
	都督	拾壹畝半	宋居仁	種粟		
	牛參軍	陸畝	索定剛	不詳	大谷文書1217	
如意元年（692）	縣令	陸畝	自佃	苜蓿	大谷文書2846	此三件均見《周如意元年（692）西州高昌縣諸堰頭等申青苗畝數佃人牒》
	縣令	貳畝	奴集聚	不詳	大谷文書2845	
	縣令	貳畝	自佃	不詳	大谷文書2851	
聖曆二年（699）	缺職司馬	拾肆畝	宋懷道	種麥	大谷文書2836	此件見《周聖曆二年（699）三月敦煌縣檢校營田人等牒》
	缺職主簿	拾畝	索懷亮	種麥		

續表

年代	官吏姓名	土地數量	承佃人	種植的作物及繳納實物數量	資料來源	説明
玄宗開元廿七年（739）	缺官	不詳	周通生	草價錢捌拾文	大谷文書5806	此八件均見《唐開元至廣德間西州高昌縣周氏納稅抄類》
開元廿八年（740）	楊別駕	不詳	周祝子	青麥壹碩貳斗並□□	大谷文書5805	
	別駕	不詳	周通生	地子草圍	大谷文書5807	
開元廿九年（741）六月、同年十二月	別駕	不詳	周祝子	別駕地子碩貳斗	大谷文書5809	
	別駕	不詳	周祝子	別駕地子	同上	
開元廿九年（741）	別駕	不詳	周通生	貳斗	大谷文書5810、5834	
	別駕	不詳	周通生	職田草肆圍		
天寶元年（742）	別駕	不詳	周祝子	地子□圍	大谷文書5835	

從上述資料與列表，我們明顯地得到了如下的印象：

一是從文書出土的地點來看，除了聖曆二年一件是出自敦煌以外，其餘都是出於吐魯番地區，當然，在敦煌遺書中，也曾見到有關官田情況的記載，但未明確說明是職田。因此，我們研究職田時難於引用。這樣，根據這些有關職田的文書，我們也只能主要用來說明吐魯番地區一些官吏占有土地的狀況。

　　二是從有關職田文書的數量來看，按説有五十來件，但從內容著眼，實在是非常貧乏的。有的文書記載了職田的畝數，但卻沒有記載交納穀物的數量；反之，有的記載了交納職田地子的數量，卻又沒有記下土地的畝數。不僅如此，就是有記載的數字，也往往是殘缺不全的。可以這樣説，沒有一件是比較完備的。因此，這就給我們研究唐代官吏的職田問題帶來了極大的困難。我們不得不運用有關文獻資料和其他文書的記載來加以推斷。

　　二

　　敦煌、吐魯番文書中有關職田的記載雖然都是殘缺不全的，但根據這些資料，可以使我們對以下幾個問題作出一些分析和推斷：

　　第一，關於在敦煌、吐魯番地區實行官吏職田制度的時間問題。敦煌地區因資料較少，無法論斷。而吐魯番地區，我們所見最早的有關職田文書是唐高宗永徽年間西州武城鄉范阿伯交納水頭麥及莿薪的抄單。永徽是高宗李治即位後的第一個年號，共有五年，即西元六五〇至西元六五五年。這也就是説在高宗即位的前後，吐魯番地區早已實行了官吏職田的制度。根據《舊唐書・太宗紀》所記，貞觀十三年（639）的十二月，唐太宗以侯君集為交河道行軍大總管，率師進討高昌。第二年八月，高昌平，「以其地置西州」。因此，我們所見到的最早的職田文書距離唐平高昌僅有十幾年的時間。可是，根據吐魯番出土的《唐貞觀十四年西州高昌縣李石住等戶手實》[9]，在貞觀十四年九月，李石住等戶即已向當地政府申報本家人口狀況和土地數字，其中已分有丁男、中男、黃男以及已受田、未受田等名目，説明唐於今吐魯番設置西州時即已著手推行均田制度了。唐在中原地區推行均田制

9　《中國古代籍帳研究》錄文部分，第 437-446 頁。

和官吏職田制度雖不是同一時間，但頒行官吏職田制度在前，是高祖武德元年（618）[10]，施行均田制在後，是武德七年[11]。這大概是與李淵在建立政權後為積極拉攏在關中的隋王朝官僚集團有關的。同樣，唐平高昌，亦有一個拉攏當地人士及優待駐守官吏的問題，所以我們可以估計，唐政權既能在立州後的第二個月即著手推行均田制，也就完全有可能與此同時推行官吏的職田制度。我們所見文書雖然是在立州後的十幾年，但並不排除唐在平高昌以後就頒行職田制度的可能。

　　唐代官吏職田制度從高祖武德元年制定之後，中間雖經過幾次停廢，但為時都不長，如太宗貞觀十年一度廢止，十八年恢復[12]；玄宗開元十年再度廢止，十八年又重新實行。從整個歷史階段來看，唐前期基本上是實行了職田制度的。吐魯番發現最晚的有關職田的文書是玄宗天寶元年（742），這也就是說在安史之亂前職田制度在這裡是得到貫徹執行的。特別是蓋有「右領軍衛岸頭府之印」和「天山縣之印」的兩份開元十九年的「到來符帖目」，是最可靠也是最直接的證明。其中曾提到「勘現任官職田勛斗四至」及「州府縣鎮戍關官職田項畝勛斗」，這就是開元十八年恢復職田以後，西州官府為貫徹這一詔令所做的具體工作。

　　及到安史之亂，吐蕃強大，由東向西，逐步吞併了河西走廊及西域。至德宗建中年間，吐魯番地區遂為吐蕃占領。從歷史文獻記載來看，安史之亂後，肅宗、代宗都下過有關職田的詔令，如代宗廣德二

10　《吐魯番出土文書》第四冊，第 71 頁。

11　王溥：《唐會要》卷九二《內外官職田》，中華書局 1955 年版，第 1669 頁。

12　《舊唐書》卷四八《食貨志》，第 2088 頁。

年（764）十年「宰臣等奏減百司職田租之半，以助軍糧，從之」[13]。
永泰二年（766）十一月，又下詔：「京諸司官等自艱難已來，不請祿
料職田，苗子又充軍糧，頗聞艱辛，須使均濟。其諸州府縣官及折衝
府官職田，據苗子多少三分，每年宜取一分，依當處時價，回市輕
貨，數內破腳差綱部領送上都，納青苗錢庫。其闕官職田，據數盡
送。……從今年職田並依次數徵收發遣。」[14]這些詔令雖說到減田租之
半，把三分之一的青苗稅轉交中央，但並未說廢止職田。因此，在吐
魯番地區陷蕃之前，職田制度仍然是推行的。所以，我以為唐代職田
制度是與唐在這裡的統治相始終的。

第二，唐在敦煌、吐魯番地區既是實行了官吏的職田制度，那
麼，有些官吏的職田是否完全按照制度的規定得到了呢？從所見文書
得知，官吏的職田並沒有按規定授足。

《唐會要》卷九二《內外官職田》載：

武德元年十二月制，內外官各給職分田，京官一品十二頃，二品
十頃，三品九頃，四品七頃，五品六頃，六品四頃，七品三頃五十
畝，八品二頃五十畝，九品二頃。雍州及外州官二品十二頃，三品十
頃，四品八頃，五品七頃，六品五頃，七品四頃，八品三頃，九品二
頃五十畝。

13　李文瀾在《唐代職田的淵源及其演變》（載《中國古代史論叢》1982 年第三輯，福建
　　人民出版社，第 254-273 頁）一文中以為「貞觀十年正月詔是開元十年正月詔之誤」，
　　「貞觀十年並未有詔令官收職田之事。」但《文獻通考》卷一一九《征榷六》中說到貞
　　觀十五年，復置公廨本錢，褚遂良上疏諫止，「太宗乃罷捉錢令史，復給京官職田」，
　　第 185 頁。貞觀中似曾停過職田。

14　《唐會要》卷九二《內外官職田》，第 1670 頁。

　　外州官的職田比京官要多，這大概是因為京師官多地狹的緣故。《唐會要》只記載了京師和外州官的職田，並未記軍府官吏的職田，《新唐書‧食貨志》又有如下記載：

　　鎮戍、關津、岳瀆官五品五頃，六品三頃五十畝，七品三頃，八品二頃，九品一頃五十畝。三衛中郎將、上府折衝都尉六頃，中府五頃五十畝，下府及郎將五頃；上府果毅都尉四頃，中府三頃五十畝，下府三頃；上府長史、別將三頃，中府、下府二頃五十畝；親王府典軍五頃五十畝，副典軍四頃；千牛備身左右、太子千牛備身三頃；折衝上府兵曹二頃，中府、下府一頃五十畝。外軍校尉一頃二十畝，旅帥一頃，隊正、副八十畝。

　　敦煌、吐魯番有關職田文書中所涉及的官職有主簿、司馬、倉曹、都督、縣令、別駕等等。根據兩《唐書‧職官志》或《百官志》及《通典》的有關記載，試析他們的官品及應得職田數如下：

　　都督：唐於貞觀十四年平高昌後在其地置西州都督府。西州為中都督府，都督為正三品。按唐初職田制度規定，中府都督應有職田十頃，即一千畝。可是，所見大谷文書2372，只有一塊八點五畝，一塊十一點五畝，共計二十畝。

　　司馬：都督府及州皆有司馬，西州中都督府司馬為正五品，沙州下都督府司馬為從五品；西州司馬為正六品，沙州司馬為從六品。按規定外州官五品職田七頃，六品為五頃，而所見大谷文書2369有西州司馬職田十二畝；大谷文書2368沙州闕職司馬十四畝。

　　參軍：都督府及州皆有參軍。都督府參軍有正七品、從七品及從八品的區別；中州參軍有正八品和正九品的等級。文書未載明是何種

品級的參軍，我們如以最低的九品中州參軍事來計算，其應得職田是二項五十畝。大谷文書1217所記的參軍職田卻只有六畝。

主簿：地方上只有縣設主簿。按《新唐書·地理志》所記，敦煌、天山兩縣均為下縣，其主簿應是從九品上階；按《元和郡縣圖志》載，敦煌縣是上縣，郭下，天山縣為上縣，其主簿應是正九品的下階。不論正九品或者從九品，外州九品官職田均是二項五十畝，而所見文書有敦煌縣闕職主簿地十畝，西州天山縣主簿高元禎職田五十五畝八十步。另據高宗初年有主簿歡文得到某年地子三碩四斗，即以當時最低的地租每畝二斗計，其職田亦僅十七畝。

倉曹：中都督府的倉曹參軍是從七品，中州司倉為正八品，他們分別應有職田四項或三項，而大谷文書2367中所記倉曹只有七畝。

別駕：《唐六典》卷三《三府督護州縣官吏》中記載：「中都督府，都督一人，正三品，別駕一人，正四品下。」其下注云：「漢司隸校尉有別駕從事一人，校尉行部則奉引錄眾事。舊解以為別乘傳車，故曰別駕，諸州刺史亦有之。……皇朝因之，永徽中改別駕為長史，垂拱初又置別駕，多以皇家宗枝為之。神龍初罷，開元初復置，始通用庶姓焉。」唐代州別駕「貳都督刺史之職」，是州郡長官的副手。中都督府別駕為正四品下，中州別駕為正五品下。我們以西州別駕正五品計算，應得職田為七項。吐魯番所出一組租種別駕職田的周祝子、周通生交納租稅的抄單未載田畝數字，但其中有交納「青麥一碩貳斗」，「碩貳斗」、「貳斗」等字樣，估計土地面積亦不會很大。

縣令：西州高昌縣，按《新唐書·地理志》所載，天寶元年改西州為交河郡，其下前庭縣注云：「本高昌，寶應元年更名」，為下縣，而按《元和郡縣圖志》：「前庭縣上，郭下」，是「天寶元年改為前庭縣」。據大谷文書4906上蓋有「高昌縣之印」的《唐天寶四載交河郡高

昌縣納稅抄》的文書，可見天寶四載尚稱高昌縣，《元和志》所說天寶元年改縣名應是改郡名之誤。諸州上縣縣令為從六品，下縣縣令是從七品，他們的職田分別是五頃和四頃。我們所見文書中縣令職田只有六畝和兩個二畝。

　　從以上對照可見，我們所見到的有關官吏職田文書中的土地數字與制度規定的田畝數相差很遠。文書中最多的官吏職田是天山縣主簿，有五十五畝八十步，如與規定數二頃五十畝相比，僅只五分之一。其他官員職田數則相差得就更遠了。當然，我們所見文書不可能反映出當時西州及敦煌兩地官吏所得職田的全貌，但職田未按規定受足應是無疑的。唐在敦煌、吐魯番地區推行均田制時百姓也就沒有按規定受足土地。按《通典》所記，當時西州墾田僅有九百頃，有一萬一千多戶[15]，如按平均計算，每戶只有十畝地。有人根據吐魯番出土文書作過估計，以為當地「丁男一人僅為十畝，而且還受的土地都登記為永業田」[16]。敦煌地區似乎比吐魯番稍好，韓國磐先生曾作過統計，現存的有授田的戶籍共有五十六戶，其中一戶受田類別不明，三戶全未受田，留下的五十二戶中，十一戶全無口分田，四十一戶雖有口分田，但依令授足者僅有一戶，其餘都未授足。另外，他按丁計算，以為「平均每丁可得三十四點九五畝」[17]。這也就是說吐魯番地區百姓實

15　王欽若等：《冊府元龜》卷五〇六《邦計部‧俸祿二》，中華書局 1960 年版，第 6073頁。按代宗永泰二年即大曆元年，因為永泰二年十一月改元。

16　《通典》卷一七四《州郡典四》，第 4558 頁。

17　西嶋定生：《從吐魯番出土文書看實施均田制的情況──以給田文書和退田文書為中心》、西村元佑《唐代均田制下的授田的實際情況──以大谷探險隊攜來唐代西州高昌縣出土文書與欠田文書為中心》，皆載周藤吉之等著，姜鎮慶、那向芹譯《敦煌學譯文集──敦煌吐魯番出土社會經濟文書研究》，甘肅人民出版社 1985 年版，第 168-659 頁。

際授田數只有按規定的十分之一，敦煌縣三分之一。百姓授田既與田令相差得甚遠，同樣，官吏職田也就不可能真的按規定授足的，在西州發生有人告發主簿高元禎侵占逃死戶、絕戶土地，也正是因為授田不足的緣故。

當然，我們也應認識到，官吏職田與百姓受田雖都不足，但程度仍有差別。我們如以高元禎職田來算，他所得的實際土地是按規定數的五分之一，而一般百姓則只是十分之一，比一般百姓所得比例高了一倍，顯然這也是同官吏有權有勢分不開的。

第三，從所見文書來看，官吏所得職田不僅沒有按規定授足，同時，所授土地還是十分零碎的。五十來件文書中，所記職田最多的是天山縣主簿高元禎的五十五畝八十步，其中分自種及租佃兩個部分，自佃的二十五畝八十步又分五段，可見土地不是連在一塊的。其他職田最多的是十四畝、十二畝、十一畝、八點五畝等等，地塊也都不很大。從所存文書、戶籍中也可見到，官田、縣令田、縣尉田、戶曹田、都督田、司馬田都是和民田連接在一起的。它不是想像中的把大片的土地作為官吏的職田。這一現象，使我們完全有理由答出這樣的推論，官田，也包括職田在內，並不是在否定了農民對土地的私有而來的，它是繼承了前代的官田，或者是沒收罪犯、接受逃戶、絕戶的土地，以及圈劃荒地而來的。正因為如此，所以這些土地是零散的，摻雜在民田中間。否則，如果否定了農民對土地的私有，出現這種現象倒是很難解釋了。

三

關於職田的耕作與收穫物的分配問題。一般來說，唐代官吏的職田都是交給百姓佃種的。敦煌、吐魯番文書所記有關職田大多數亦是由民戶佃種的，只有一小部分由官吏自佃。自佃的土地，文書中所見

最多的是武后天授二年天山縣主簿高元禎，在南平有地二十五畝多。另外還有武后如意元年高昌縣縣令自佃苜蓿六畝和不知種何作物的二畝。自佃土地的收穫物，按唐規定：「凡王公已下，每年戶別據已受田及借荒等，具所種苗頃畝，造青苗簿，諸州以七月已前申尚書省，至徵收時畝別納粟二升，以為義倉。」[18]除每畝應交二升義倉外，均為官吏自己所有。上述縣令自佃土地，就是當時高昌縣上報青苗畝數牒文中的記載。

至於交百姓佃種的職田，唐政府雖曾規定「並取情願，不得抑配」[19]，但由於職田為當地官吏所有，必然仗勢盤剝，故百姓多不願佃種這種土地。元稹為同州刺史時即曾指出，同州耕種職田的農戶「比量正稅，近於四倍加徵」，為此，這種土地只得由州縣逐年抑配百姓租佃。同州如此，吐魯番地區也不例外。吐魯番出土的《開元十九年正月至三月西州天山縣到來符帖目》中記載有：「倉曹符，為宴設及公廨田匌，不高價抑百姓佃食訖申事」、「戍官現任職田不得抑令百姓佃食處分訖申事」、「鎮戍現任官職田，非抑百姓租，並遲由同上事」等，說明吐魯番地區職田亦存在抑配百姓佃種的事實。

另外，《周聖曆二年三月敦煌縣檢校營田人等牒》所載，平康鄉司馬地十四畝和主簿地十畝，分別由平康鄉百姓宋懷道、神沙鄉百姓索懷亮種麥。平康鄉的土地不是由平康鄉人耕種，而是由神沙鄉的人耕種，這正是元稹在《同州奏均田狀》中所說「或有隔越鄉村被配一畝二畝之者」的具體實例[20]，是職田在敦煌、吐魯番地區實行抑配的又一佐證。

18　韓國磐：《北朝隋唐均田制度》，上海人民出版社 1984 年版，第 213、216 頁。

19　《通典》卷二《食貨典二》，第 32 頁。

20　元稹：《元稹集》卷三八《同州奏均田狀》，中華書局 1982 年版，第 435-437 頁。

　　耕種職田的民戶狀況，敦煌、吐魯番所見文書多沒有記載，大概也同佃種官田的民戶一樣，最多的應是一般百姓，如上舉的敦煌縣平康鄉百姓宋懷道、神沙鄉百姓索懷亮，又如天山縣西平老人王嘿子佃種了主簿四畝的土地。租種官田的百姓，還往往租種其他的民田，如《周天授二年西州高昌縣諸堰頭等申青苗畝數佃人牒》中記到，佃人唐智宗，既佃種了縣公廨田七畝一百步，又佃種了康索典田一點五畝、趙寅貞零點五畝。又如《周如意元年西州高昌縣諸堰頭青苗畝數佃人牒》中，奴集聚租種了縣令的二畝職田，還租種了康倚山的二畝土地。說到奴集聚，有些人以為租種職田的還有奴婢。我以為這是不大可能的，因為按唐朝法令規定，「奴婢賤人，律比畜產」[21]，如是官奴，就應屬於官府；如是私奴，則應從屬於主人，不管那種奴婢，都不能自立門戶，更不能去租種兩家的土地。我倒以為奴集聚的「奴」是一種姓，不是代表身分。奴集聚是一般的農戶。大谷文書2831有《唐貞觀十七年六月西州奴俊延妻孫氏辯》[22]，這奴俊延的奴，也應是姓，不是奴婢。

　　在租種職田的佃人中，最為複雜的應是《唐開元至廣德間西州高昌縣周氏納稅抄類》一組文書中所說到的周祝子、周通生等人。這組文書說到了周祝子、周通生、周思溫、周義敏等四人。文書連在一起，內容都是他們納稅的抄單，似乎四人是同一宗族中的親屬。在這四人中，佃種職田的有周祝子、周通生兩人。他們分別種了別駕及闕官的土地，交納了青麥、地子穀物、草及草價錢等。交納這些職田租草有年代記載的是開元二十七年至天寶元年（739-742），說明他們租種

21　長孫無忌等：《唐律疏議》卷六《名例二》，中華書局1983年版，第132頁。
22　《中國古代籍帳研究》錄文部分，第314頁。

職田有四年以上的時間，租佃關係相對地比較穩定。與租種職田周祝子有關的還有兩件關於土地的文書是：

一、大谷文書 5831：

1.史伏奴於周祝子領得北渠□□□□

2.貳畝地子小麥伍斛伍斗，天□□□

3.五日領麥人史伏奴父領

4.　　　　　　見人□□□

二、《唐天寶五載四月西州籍庫典麴福牒》：

1.籍庫

2.戶周祝子一段貳畝常田城北新興東渠、西道、南澤、北渠。

3.右依檢上件人天寶三載籍下新興分

4.常田具畝數四至如前。又檢周祝子所共

5.魏立競地、有一至同、三至不同。其祝子牒

6.渠名與籍不同。事須付□□□逐

7.牒件檢如前，謹牒。

8.天寶五載四月　　日典麴福牒[23]

第一件是周祝子租種了史伏奴的土地，史伏奴父在周祝子手上領去了小麥五斛五斗，如按當地租價每畝交小麥零點六六到零點七三斛計。[24]周祝子就應租種了史伏奴的十來畝的土地。第二件說的是周祝子常田二畝在新興，與魏立發生爭執，讓籍庫典麴福檢查原來的登記檔案。從這兩件文書可見，周祝子既有自己的土地，同時也租種了楊別駕的職田和史伏奴的土地。他們租種的土地是比較多的。

23　《中國古代籍帳研究》錄文部分，第 441、467 頁。

24　孔祥星：《唐代前期的土地租佃關係》（載《中國歷史博物館館刊》1982 年總第四期）一文中對吐魯番一季交租租額的計算是 0.66-0.73 斛，高的有達一斛以上。

除以上與土地有關的文書之外，周氏各人還交納過名目繁多的稅收，例如周通生交納過「天寶三年戶稅薪柴貳拾束」、「天寶三載後限稅壹佰壹拾陸文」；周祝子交納過「天寶三載勾徵稅價錢壹佰文」，又與周思溫交納過「賒放縑布」、「長行預放縑布」、「瀚海軍預放縑布」等。周義敏則交過「和市縑布」、「番課縑布」。以柴代稅，這是高昌以來的地方慣例。至於交納各種名目的縑布，史不見載。縑布，當即是疊布。《南史‧高昌傳》載：「高昌國多草木，有草實如繭，繭中絲如細纑，名曰白疊子，國人取織以為縑布，甚軟白，交市用焉。」據許多同仁研究，這白疊縑布即是棉縑布。西州已種植棉花，紡織成縑布，同內地以絹代錢一樣，當作貨幣使用。吐魯番發現的文書中有《唐年次未詳西州租田課布曆》[25]，就是以縑布代替租穀。周氏所交納的各種縑布中有周義敏所交「番課縑布」、「和市縑布」，在「番課縑布」這件文書後記有「隊正范忠敏抄」，似乎應屬於府兵系統中的士兵，因為隊的建制只在府兵中存在，以縑布代番與以絹代役是相同的。「和市縑布」從文義上看應是官府向民購買縑布匹的意思，性質應與和糴一樣。和糴應是官出錢，民出穀，但實際上是「配戶督限，蹙迫鞭韃，甚於賦稅」[26]。同樣，「和市縑布」亦應是官府強加在民戶上的一種負擔。至於周祝子所交的「長行預放縑布」、「瀚海軍預放縑布」，我以為可能是一種官方的高利貸。從大谷文書 5795 來看，周祝子於上元元年十月納長行預放縑布兩段，十一月八日又納二段，第二年正月、三月又各納一段。又據大谷文書 5799、5794，周祝子又交納上元二年四月、六月、十月的縑布。交納如此頻繁，幾乎是每月都得交納，看來

25　《中國古代籍帳研究》錄文部分，第 491 頁。

26　《文獻通考》卷二一《市糴二》，第 206 頁。

不應當是一種正規的稅收。在唐代，官府按月收錢的只是官高利貸。《唐會要》卷九一《內外官料錢》記載開元「十八年九月四日，御史大夫李朝隱奏，請籍民一年稅錢充本，依舊令高戶典正等捉，隨月收利，供官人料錢」。這裡指的是公廨錢隨月收利，在西州疊縑布既可代作貨幣，那麼，周祝子每月所交縑布應即是官高利貸的每月利錢。他可能就是典捉官高利貸的高戶。這也就是說，耕種職田的民戶中亦有較富的農戶。前舉高宗永徽年間佃種職田的范阿伯，出土文書有《唐西州高昌縣范阿伯買舍契》[27]，這范阿伯亦可能是一較殷實的民戶。

　　至於職田的租額，這幾件文書都未有記載，但據有些同仁研究，以為唐初吐魯番租額部田每畝在零點六六到零點七三斛之間，常田則還稍高。然據大谷文書1305《周年次未詳西州柳中縣官田租穀簿》的記載，官田分有交豆和交粟兩種土地，交豆最高的是「一段三畝」，佃人曹悅隆「畝別三斗七升五合」，其他的都是「畝別二斗五升」。交粟的土地沒有按畝計算，而是合計數，最低的「一段十畝」，佃人僧恭慈，「計粟二石五斗」，平均每畝二斗五升。最高的是「一段四畝四十步」佃人宋恭慈，「計粟二石九斗」，平均每畝近七斗。其他交粟的土地平均每畝約在五斗左右，如「四段十二畝」，佃人趙海才，「計粟六石」，平均每畝五斗。根據《冊府元龜》卷五〇六《邦計部·俸祿二》記載，開元十九年四月，玄宗曾下詔「天下諸州縣並府鎮戍官等職田四至頃畝造帳申省，仍依元租價對定，六斗以下者依舊定，以上者不得過六斗」。《唐會要》所載基本相同，但最後有一句作：「地不毛者畝給二斗。」這也就是說，職田地租因地好壞不同，大約在二至六斗之間。《柳中縣官田租穀簿》所載最高近七斗，最低二斗五升，同官方規

27　《吐魯番出土文書》第五冊，第115頁。

定及私田租額基本相當。

　　既然職田租額與私田租額基本相當，那為什麼又有抑配問題呢？每畝二至六斗是官方的規定，登記在官方的官田簿中當然不能違反這種規定，但事實上根據有關文獻的記載，耕種職田佃戶附加的稅收甚多，如天寶元年六月玄宗在詔敕中說到：「河東、河北官人職田，既納地租，仍收桑課，田樹兼稅，民何以堪？」[28]這裡說的是河東、河北，沒有涉及西域，但官府仗勢派生出來的各種稅收在全國恐怕是普遍的。另外，根據《唐會要》等記載，耕種職田還要交納「腳價」錢；同州地區還有「變米僱車般送」，所有這些都成了職田的附加稅，加重了佃戶的負擔。還有一點應予注意的是土地的質量問題，穆宗長慶元年七月曾有制說到：「百司職田，在京畿諸縣者，訪問本地，多被所縣侵隱，抑令貧戶佃食蒿荒，百姓流亡，半在於此。」[29]隱沒好地，將荒田作為職田強民耕種，這大概也是各地存在的。《柳中縣官田租穀簿》中許多地每畝只二斗五升的租粟，恐怕就是「地不毛者」的租額。所以，官田簿中記載的租額雖不很高，實際上耕種職田的農戶負擔應是很重的，這也就是職田佃種存在抑配的原因所在。至於有一些耕種職田的人是比較殷實的民戶，這應是官吏為保證自己有可靠收入而想出的一種辦法。

（原載《中國史研究》1986 年第一期）

28　《唐會要》卷九二《內外官職田》，第 1670 頁。

29　《冊府元龜》卷五○六《邦計部‧俸祿二》，第 6089 頁。

地域文化研究叢書·敦煌文化研究叢刊　A0204003

敦煌學與古代西部文化 上冊

作　　者	齊陳駿
版權策畫	李煥芹
責任編輯	曾湘綾
發 行 人	陳滿銘
總 經 理	梁錦興
總 編 輯	陳滿銘
副總編輯	張晏瑞
編 輯 所	萬卷樓圖書股份有限公司
排　　版	菩薩蠻數位文化有限公司
印　　刷	百通科技股份有限公司
封面設計	菩薩蠻數位文化有限公司

出　　版　昌明文化有限公司

桃園市龜山區中原街 32 號

電話　(02)23216565

發　　行　萬卷樓圖書股份有限公司

臺北市羅斯福路二段 41 號 6 樓之 3

電話　(02)23216565

傳真　(02)23218698

電郵　SERVICE@WANJUAN.COM.TW

大陸經銷

廈門外圖臺灣書店有限公司

　電郵　JKB188@188.COM

ISBN 978-986-496-456-7

2019 年 3 月初版

定價：新臺幣 360 元

如何購買本書：

1. 轉帳購書，請透過以下帳戶

　合作金庫銀行　古亭分行

　戶名：萬卷樓圖書股份有限公司

　帳號：0877717092596

2. 網路購書，請透過萬卷樓網站

　網址　WWW.WANJUAN.COM.TW

大量購書，請直接聯繫我們，將有專人為您

服務。客服：(02)23216565　分機 610

如有缺頁、破損或裝訂錯誤，請寄回更換

國家圖書館出版品預行編目資料

敦煌學與古代西部文化 上冊 / 齊陳駿著. --

初版. -- 桃園市：昌明文化出版；臺北市：

萬卷樓發行, 2019.03

　　冊；　　公分

ISBN 978-986-496-456-7(上冊：平裝). –

1.敦煌學　2.文化史

797.9　　　　　　　　　　　108003198

本著作物經廈門墨客知識產權代理有限公司代理，由浙江大學出版社授權萬卷樓圖書股份有限公司出版、發行中文繁體字版版權。

本書為真理大學產合作成果。　　　　　　　　校對：鄭淳丰／臺灣文學系四年級